KB220208

.

신앙의 도약을 이루는 '인자의 복음서'

누가복음 (상)

서 문

　세 번째 복음서인 누가복음은 복음서 가운데에서 분량으로 가장 많은 말씀입니다. 누가복음을 읽는다면 복음의 많은 내용을 알게 될 것입니다. 그러나 좀 더 깊은 유익들이 있습니다. 누가복음은 서문에서 밝히는 바와 같이 알고 있는 바를 더 확실하게 하기 위하여 기록되었습니다(눅 1:4). 만일 하나님의 말씀을 알고 있다면 이 복음서를 통해서 더 깊이 있게, 더 확실히 알게 될 것입니다. 또한 의사인 누가에 의해 기록된 이 복음서는 가장 역사적이며 학문적이면서도 동시에 영적인 특징을 가집니다. 곧 이 복음서는 우리들에게 신앙의 균형을 가르쳐 줄 것입니다.

　이제 누가복음을 보다 체계적으로 이해하기 위해서는 다음의 큰 세 가지를 바탕으로 알 수 있습니다. 첫째, 누가복음의 구조적인 이해입니다. 누가복음의 구조 자체가 메시지를 담고 있기 때문입니다. 둘째, 누가의 신학에 대한 이해입니다. 구조가 누가복음의 하드웨어라면 신학은 누가복음의 소프트웨어가 됩니다. 셋째, 누가복음의 배경적 이해입니다. 배경에 대한 이해는 메시지의 의미와 목적이 무엇인지를 명확하게 밝히는 것입니다.

　첫째, 누가복음의 구조적인 이해입니다.

　마가복음과 마태복음과의 관계에 있어서, 누가복음은 마가복음과 구조적인 유사성을 가지며 마태복음과는 보완하며 대조적으로 기록되었습니다. 두 종류의 족보의 이해, 요셉과 마리아에게 전해진 예수님 탄생의 예고, 동방박사와 목자의 방문, 세 가지 시험, 산상설교와 평지설교, 주기도문 등에서 마태복음과 누가복음은 상호보완적이며 또한 대조적입니다. 마태복음이 주제별로 체계적으로 이루어졌다면 누가복음은 마가복음의 구조적 특징을 따라 시간적인 순서를 고려하며 장소적인 여정의 변화를 보입니다.

누가복음의 구조는 크게 다섯 부분으로 나누어집니다. 1. 예수님의 탄생과 공생애를 준비하시는 1-4장13절, 2. 약 3년의 예수님의 공생애 사역 중 갈릴리 중심의 사역이 되는 4장14절-9장50절, 3. 예루살렘 입성 전 시기적으로 약 6개월의 기간이 되는 후기 유대 사역과 베레아 사역인 9장51절-19장27절까지 약 10장에 걸친 기록, 4. 예루살렘에서 마지막 일주일을 보내시는 19장28절-21장, 5. 결론적인 말씀으로 예수님의 십자가 죽음과 부활에 관한 22-24장으로 나누어집니다. 보다 상세한 구조적인 이해는 제1과에서 다룹니다.

더 나아가 누가복음과 사도행전은 같은 구조적 유사성을 가집니다. 곧 누가복음과 사도행전은 여행을 중요한 주제로 삼습니다[1]. 누가복음 9장51절 이하의 10장은 예루살렘으로 향한 여행이며 사도행전에는 바울의 세 번에 걸친 전도여행에 관하여 전합니다. 예수님의 본격적인 사역이 있기 전에

1) 김득중, 『대한기독교서회 창립 100주년 기념 성서주석: 누가복음 I』(서울: 대한기독교서회, 1993), 27-28쪽.

40일의 금식 기도 기간이 있었으며, 사도행전에서는 승천하시기 전에 40일 동안 제자들에게 보이셨습니다. 누가복음은 예수님의 행적을 바탕으로 하여 갈릴리로부터 예루살렘까지를 기록하였고 사도행전은 제자들의 행적을 바탕으로 하여 예루살렘으로부터 로마까지를 기록하였습니다. 예루살렘과 로마는 각각 누가복음과 사도행전의 목적지가 됩니다.

둘째, 누가복음의 신학적 이해입니다.

누가복음은 '성령'을 중요한 주제로 삼습니다. 예수님의 세례를 받으심과 시험 받으심의 사건들은 보다 성령에 관한 관점으로 구성되어 있습니다. 사도행전에 오순절 성령의 강림의 사건이 있다면 누가복음에는 예수님이 세례를 받으실 때에 성령의 강림이 있습니다. 사도행전은 교회를 통해서 성령의 역사가 나타난다면 누가복음에는 예수님을 통해서 성령의 사역이 나타납니다. 성령은 강림하셔서(눅 3:22) 충만케 하셨으며(눅 4:1) 능력으로 함께 하셨습니다(눅 4:14, cf. 눅 2:25-27).

누가복음은 '기도'를 중요한 주제로 삼습니다. 예수님의 여러 사역들 가운데 예수님의 기도의 모습을 보여줍니다. 세례를 받으실 때에 기도하셨고(3:21), 한적한 곳에서 기도하셨으며(5:16), 제자들을 세우실 때에 밤을 새우시며 기도하시고(6:12), 베드로의 신앙고백이 있기 전에 기도하셨으며(9:18), 변화산에 기도하시려 올라가셨고(9:28), 기도를 가르쳐 주시기 전에 먼저 기도하셨으며(11:1), 베드로를 위하여 기도하셨고(22:31-32), 겟세마네에서 기도하셨으며(22:39-46), 십자가 위에서 또한 기도하셨습니다. 이 외에 밤중에 찾아온 친구의 비유(11:5-8), 과부와 재판장의 비유(18:1-8), 바리새인과 세리의 기도(18:9-14) 등 다양하게 기도에 관한 주제를 다룹니다.

누가복음은 '전도와 선교'를 중요한 주제로 삼습니다. 이러한 특징은 종교적, 사회적, 성적, 경제적으로 나타납니다. 누가복음에서는 종교적으로 세리와 죄인을 잃은 자로 여기며(눅 15:1-7), 인자가 온 것은 잃어버린 자를 찾아 구원하려 함이며(눅 19:10), 예수님은 마지막 십자가 위에서까지 한 사람의 영혼을 구원시킵니다(눅 23:43). 사회적으로 소외되고 배척되었던 사마리아에 관하여 우호적입니다(눅 9:51-56, 10:25-37, 17:11-19). 성적인 차별의 대상이었던 여인들에 대한 관심이 있습니다. 누가복음에는 예수님을 따르고 섬기는 여인들에 관한 이야기와 더불어 남녀가 평등함을 보여줍니다. 사가랴와 엘리사벳, 요셉과 마리아, 시므온과 안나, 바리새인 시몬과 죄인인 여인, 목자와 드라크마의 여인, 침상에 누운 두 남자와 맷돌질하는 두 여인 등이 그러합니다. 또한 경제적으로 가난한 자들을 위한 복음서입니다. 부자에 대한 경고의 메시지가 반복되며(눅 12:16-21, 14:12-13, 16:19-31 18:22) 가난한 자들을 축복합니다(눅 6:20).

마지막으로 셋째, 누가복음의 배경적 이해입니다.

누가복음의 배경으로 염두해야 할 두 가지는 누가복음이 기록된 상황과 누가복음의 1차적 대상입니다. 서문에서 누가는 이 복음서를 쓴 목적을 분명히 밝혔습니다. 데오빌로 각하에게 보내진 복음서는 '각하가 알고 있는 바를 더 확실하게 하려 함'이라고 하였습니다. 그러나 그 이면의 누가복음의 기록된 배경이 있습니다. 이는 종말의 지연입니다. 주의 재림이 늦어짐으로 주의 나라가 당장 오지 않는 것을 알게 되었고 이는 또 다른 종말 신앙으로서 오늘의 삶을 어떻게 믿음으로 살아야 하는지에 관하여 질문하게 되었습니다. 특별히 주님이 오시는 날까지 복음을 전파하는 것이 믿는 사람들의 사명이며 이 복음 전파는 온 인류로 확대됩니다.

누가복음은 직접적으로는 데오빌로에게 전해진 것이지만 1차적인 대상으로는 이방 그리스도인을 위한 복음서라 할 수 있습니다. 이러한 특징은 족보와 잃어버린 자에 대한 이해 등에서 나타납니다. 그러므로 유대 지역으로 파송된 12제자의 이야기는 마태복음에 비해 매우 간략하게 기록된 반면 70인 제자 파송은 상당한 분량을 전합니다(눅 9:1-6, 10:1-24). 누가복음은 유대적인 마태복음의 한계를 처음부터 뛰어넘어 우주적인 복음에 관하여 전합니다.

이제 마태복음의 그늘에 머물러 그 가치를 잃고 있었던 이 누가복음을 바로 알고 회복할 때에 우리의 믿음과 신앙은 놀라운 깊이와 넓이를 경험하게 될 것입니다.

차 례

서 론

제1부 탄생과 준비(1:1-4:13)

본론1 - 갈릴리 사역

제2부 제1차 갈릴리 사역(4:14-6:11)

누가복음의 구조

서론 (1:1-4:13)			본론 (4:14-21:38)							
예고	탄생	준비	갈릴리 사역 (4:14-9:50)					유대 및 베레아		
			1차		2차		3차	후기 유대 사역		
예수님의 탄생 예고	예수님의 탄생과 어린시절	공생애 준비와 시작	공생애의 시작 / 갈릴리 사역	제자들을 부르심 / 여러가지 이적	12제자를 택하심 / 평지설교	예수님의 사역	예수님의 권세	12제자 파송	70인 제자의 파송	기도에 관한 가르침	제자와 무리들을 가르침
1장	2장	3장	4장	5장	6장	7장	8장	9장	10장	11장	12장

누가복음의 구조

본론 (4:14-21:38)									결론 (22:1-24:53)		
유대 및 베레아 (9:51-19:27)						예루살렘 사역 (19:28 - 21:38)			수난		부활
베레아 사역				최후 순회 전도 사역		입성	논쟁	종말			
유대인과 예루살렘에 대한 경고	청함의 교훈	잃은 자에 관한 세 가지 비유	제자에게 향한 세 가지 교훈	하나님 나라의 교훈 1	하나님 나라의 교훈 2	예루살렘 입성	질문과 논쟁	종말에 관한 메시지	최후의 만찬	십자가에 죽으신 예수님	부활하신 예수님
13장	14장	15장	16장	17장	18장	19장	20장	21장	22장	23장	24장

누가복음 (상)

서론

탄생과 준비
(1:1-4:13)

PART

01

누가복음 서문
1장1~4절

Key Point

누가복음의 저자가 되는 누가는 서문을 통해서 복음서의 배경과 목적, 저술 원칙에 관하여 자세히 전합니다.

본문 이해

■ 누가복음의 전체적인 구조적 이해

　누가복음은 시간적으로 크게 세 부분으로 나누어집니다. 예수님의 탄생과 공생애를 준비하시는 1-4장13절, 약 3년의 예수님의 공생애 사역이 되는 4장14절-19장27절, 예루살렘에서 마지막 일주일을 보내시는 19장28절-24장입니다.

　좀 더 세분화하면, 1-4장13절은 서론으로 예수님의 탄생과 공생애 준비로 예수님의 탄생 예고(1장)와 탄생(2장), 공생애 준비(3장)와 사역의 개시(4장)를 전하며, 본론의 4장13절-21장38절의 예수님의 공생애 사역은 크게 세 부분으로 갈릴리 중심의 사역과 유대 지역과 베레아 사역과 예루살렘 중심 사역으로 나뉩니다.

　갈릴리 중심의 사역은 4장14절-6장11절까지의 1차 갈릴리 사역과 6장12절-8장까지의 2차 갈릴리 사역과 9장50절까지의 3차 갈릴리 사역으로 나뉩니다. 이 세 사역은 마가복음의 구조를 따라 예수님께서 제자들을 부르심과 사도로 택하심과 파송하심을 기점으로 구분됩니다.

　다음으로 예수님의 공생애 사역의 마지막 6개월이 되는 **유대와 베레아 사역**은 누가복음에서 무려 10장이나 할애하고 있는데 이는 이방인에게 전하여진 복음서의 한 특징이 됩니다. 9장51절-19장27절까지는 예루살렘을 향한 여정으로 예루살렘의 입성 전까지의 여정입니다. 이는 예수님께서 예루살렘을 향한 여정임을 강조하는 본문을 따라(9:51, 13:22, 17:11) 9장51절-13장21절까지의 유대 사역과 13장22절-17장10절의 베레아 사역, 17장11-19장27절의 사마리아와 갈릴리 사이를 행하시는 최후의 순회전도 사역으로 나누어집니다.

19장28절-24장은 예수님의 예루살렘에서의 일주일로서, 19장28절-21장은 예루살렘 입성 후에 성전에서 이루어진 교훈과 논쟁에 관한 말씀으로 **예루살렘 중심의 사역**입니다.

마지막 결론은 22-23장의 가룟 유다의 배신으로부터 시작되어 십자가 죽으심까지의 예수 그리스도의 죽음에 관한 말씀과 24장의 부활과 승천의 말씀으로 나누어집니다.

■ 누가복음 1장의 구조적 이해
  눅 1:1-4: 누가복음 서문
  눅 1:5-25: 세례 요한의 출생 배경과 출생 예고
  눅 1:26-38: 예수님의 탄생 예고
  눅 1:39-45: 마리아의 엘리사벳 방문
  눅 1:46-56: 마리아 찬가
  눅 1:57-66: 세례 요한의 출생

눅 1:67-80: 사가랴의 찬양

1. 누가복음 1장1-4절과 사도행전 1장1-2절의 말씀을 비교하여 봅시다.

"우리 중에 이루어진 사실에 대하여 처음부터 목격자와 말씀의 일꾼
된 자들이 전하여 준 그대로 내력을 저술하려고 붓을 든 사람이 많은지
라 그 모든 일을 근원부터 자세히 미루어 살핀 나도 데오빌로 각하에게
차례대로 써 보내는 것이 좋은 줄 알았노니 이는 각하가 알고 있는 바를
더 확실하게 하려 함이로다"(눅 1:1-4)

"데오빌로여 내가 먼저 쓴 글에는 무릇 예수께서 행하시며 가르치시
기를 시작하심부터 그가 택하신 사도들에게 성령으로 명하시고 승천하
신 날까지의 일을 기록하였노라"(행 1:1-2)

두 본문으로 이 두 권의 책이 한 저자에 의한 1부와 2부를 구성하고
있음을 알 수 있습니다. 누가복음이 속한 복음서와 사도행전은 전혀 다
른 형식의 말씀입니다. 그런데 이 두 권의 책이 한 사람에 의해서 기록
되었다는 것은 누가라는 사람의 비범함에 있는 것이 아니라 성경의 참
된 저자가 누구이신가를 우리들에게 분명하게 말씀하시는 것입니다.
누가복음과 사도행전은 구조적으로, 주제적으로 통일성을 가집니다.

2. 데오빌로를 통한 교훈을 살펴봅시다(1-4절).

　데오빌로와 누가의 관계에 관하여는 여러 견해들이 있으나 확신한 것이 아닙니다. 다만 본문을 통해서 알 수 있는 세 가지는 첫째, 데오빌로는 하나님을 뜻하는 '데오스'와 사랑을 뜻하는 '필로스'의 합성어로 '하나님을 사랑하는 자'라는 뜻입니다. 좋은 이름들이 많이 있지만 데오빌로는 참으로 귀한 이름입니다. 성도는 데오빌로의 이름과 같이 하나님을 사랑하는 자가 되어야 할 것입니다. 둘째, 누가복음에서 데오빌로는 성도, 형제라는 호칭보다는 보다 격식이 있는 호칭으로 '각하'라고 불렸습니다. 그러나 사도행전에서 데오빌로는 각하가 아닌 단순히 그 이름으로만 불림받은 것을 보아 처음 그는 높은 지위로서 공동체 안에 들어왔지만 이제 공동체와 하나됨을 이루고 있는 것을 보게 되는 것입니다. 믿음은 개인적으로 시작하지만 공동체적이어야 합니다. 데오빌로가 공동체의 일원이 됨과 같이 믿음의 사람들은 공동체의 일원으로 녹아져야 할 것입니다. 셋째, 데오빌로는 공동체의 일원으로서 뿐만 아니라 믿음의 지식과 성장에 있어서 성숙되었음을 두 번째 책인 사도행전의 전달로부터 알 수 있습니다. 데오빌로는 예수 그리스도의 행하심과 가르치시기 시작하심부터 승천하신 날까지의 일을 배웠을 뿐만 아니라 이제 성령의 역사와 선교에 관한 가르침을 받고 있습니다. 이는 우리들의 믿음과 신앙도 데오빌로와 같이 자라 나아가야 함을 교훈하시는 것입니다.

3. 누가복음의 저술 목적과 유익함에 관하여 살펴봅시다(1-4절).

누가복음은 복음서 중에서도 독특한 서문을 기록하고 있습니다. 이 서문을 통해서 누가는 누가복음의 배경과 목적, 저술 원칙에 관하여 밝힙니다. 누가복음이 기록되기 전에 이미 이루어진 사실에 대하여 처음부터 목격자와 말씀의 일꾼 된 자들이 전하여 준 그대로 내력을 저술하려고 붓을 든 사람이 많았습니다. 이제 그 모든 일을 근원부터 자세히 미루어 살핀 누가 또한 데오빌로 각하에게 차례대로 써 보내는 것이 좋은 줄 알았습니다. 이는 데오빌로 각하가 알고 있는 바를 더 확실하게 하기 위함입니다.

이 누가복음은 이미 복음을 알고 있는 자들에게 그 알고 있는 바를 더 확실하게 알게 해 줄 것입니다.

4. 서문에 나타난 누가복음의 저술 원칙에 관하여 살펴봅시다(1-4절).

서문이 밝히는 바, 누가복음은 다음과 같은 네 가지 특징이 있습니다. 첫째, 복음서는 '사실'을 바탕으로 하여서 기록되었습니다. 가상과 공상에 근거하지 않습니다. 그러므로 누가는 먼저 '우리 중에 이루어진 사실에 대하여'(1절) 라는 말씀으로 시작하였습니다. 더욱이 이 복음서가 전문직 의사인 누가에 의해서 기록됨은 의미가 있습니다. 이는 당시의 사람들 중에 이루어진 일이며, 사실이며, 목격자가 있으며, 이 일을 저술하려는 많은 사람들이 있었습니다. 그러므로 누가복음이 철저하게 사실에 바탕으로 한 바를 알 수 있는 것입니다.

둘째, 누가복음은 '처음부터' 기록되었습니다. 창조와, 시간의 시작을 의미하는 바가 아닌 복음의 시작입니다. 왜냐하면 목격자로 말미암기 때문입니다. 목격자들의 증거는 이 시작이 창조가 아닌 복음의 시작에 관한 것임을 알게 하는 것입니다. 누가는 그 모든 일을 '근원부터' 자세히 미루어 살폈습니다. 이는 누가복음이 '처음부터' 기록하고 있음을 알 수 있습니다.

셋째, 누가복음은 '자세히' 기록되었습니다. 누가는 목격자와 말씀의 일꾼 된 자들이 전하여 준 그대로의 내력 그 모든 일을 근원부터 자세히 미루어 살폈습니다. 우리는 누가복음에서 복음을 면밀하게 살필 수 있을 것입니다.

넷째, 누가복음은 '차례대로' 기록되었습니다. 이는 누가가 단순한 전달자, 수집가가 아닌 전하여진 여러 말씀들을 체계적으로 정리하였음을 알게 하시는 것입니다. 우리는 이 누가복음을 통해서 복음서를 좀 더 체계적으로 살필 수 있을 것입니다.

01 누가복음의 저술 배경과 목적에 관하여 나누어 봅시다.

02 데오빌로에 관하여 나누어 봅시다.

03 누가복음의 저술 원칙을 통하여 누가복음에서 기대할 수 있는 바는 무엇입
니까?

되새김

누가복음의 일차적이며, 직접적인 수신자인 데오빌로는 다만 한 개인이 아닌 많은 이방인 그리스도인을 대표합니다. 곧 누가복음은 이방인들에게 복음을 전하는 데에 유익합니다. 또한 이 누가복음은 이미 복음을 들은 자들에게 더 깊은 복음에 관하여 깨닫게 하는 데에 유익합니다.

PART

02

세례 요한의 출생 배경
1장5~7절

Key Point

서문에 이어 누가복음은 예수님의 출생 전에 세례 요한의 출생에 관하여 전하는데 이번
과는 세례 요한의 출생의 배경에 관하여 먼저 전합니다.

본문 이해

누가복음의 서문에 이어 세례 요한의 출생에 관한 말씀으로 이어집니다. 누가복음은 이러한 세례 요한의 출생의 배경을 먼저 전하심으로 좀 더 자세하게 세례 요한에 관하여 알게 합니다. 세례 요한의 출생에 대한 자세한 언급은 누가복음의 특징이 되기도 합니다. 서문에서 밝힌 바 누가복음은 '사실'을 바탕으로 '처음부터', '자세히', '차례대로' 기록되었습니다. 이는 이방 그리스도인들에게 더욱 유익합니다.

1. 세례 요한의 부모에 관하여 살펴봅시다(5절).

가브리엘에 의한 세례 요한의 출생 예고의 말씀 전에 세례 요한의 출생 배경이 되는 세례 요한의 가정에 관하여 전합니다. 시기적으로는 유대 왕 헤롯 때이며 그의 부모는 아비야 반열의 제사장 사가랴와 아론의 자손 엘리사벳입니다.

제사장은 그 결혼이 엄격하여 이스라엘의 처녀와 결혼하였으며 사가랴는 더욱이 제사장인 아론의 자손의 딸과 결혼하였습니다(레 21:7. 14). 사가랴의 아내 엘리사벳의 헬라어 이름은 아론의 아내 엘리세바의 구약의 이름과 같은 이름이며 그 뜻은 '여호와는 나의 맹세이시다'라는 뜻입니다(출 7:23).

사가랴는 '여호와께서 기억하신다'는 뜻이며 아비야 반열의 제사장이었습니다. 이스라엘 제사장 제도에 있어서 제사장들은 24 반열로 나누어져서 각 반열은 일 년에 두 차례씩 일주일 동안 성전 봉사 직무를 행하였습니다. 아비야 반열은 그 가운데 여덟 번째였습니다(대상 24: 10).

이처럼 세례 요한이 제사장 가문의 후손임은 그의 삶 또한 제사장으로서의 안정된 삶을 보장 받음을 의미합니다. 그럼에도 불구하고 그가 광야에서 선지자의 사역을 감당함은 그의 가문을 넘어 그의 사명에 대한 교훈을 주는 것입니다.

2. 세례 요한의 부모의 신앙에 관하여 살펴봅시다(6절).
"이 두 사람이 하나님 앞에 의인이니 주의 모든 계명과 규례대로 흠이 없이 행하더라"(6절)

이제 이 두 사람의 신앙에 관하여 전합니다. 온전한 혈통임에도 불구하고 그들의 신앙이 잘못된 경우는 얼마든지 살펴볼 수 있습니다. 대표적으로 엘리의 두 아들과 사무엘의 두 아들이 그러합니다. 그러나 이 두 사람은 동일하게 하나님 앞에 의인이었으며 주의 모든 계명과 규례대로 흠이 없이 행하였습니다. 이들이 하나님 앞에 의인이었다 함은 하나님과 바른 관계를 맺고 있었음을 알게 합니다. 이러한 바른 관계 안에서 이들은 주의 모든 계명과 규례대로 흠이 없이 행한 것입니다.

3. 세례 요한의 부모의 현실적인 어려움은 무엇입니까?(7절).

"엘리사벳이 잉태를 못하므로 그들에게 자식이 없고 두 사람의 나이가 많더라"(7절)

이제 7절의 말씀은 세례 요한 부모의 가문과 신앙에 이어 그들의 현실적인 삶에 관하여 전합니다. 비록 그들에게는 빛나는 아름다움이 있었지만 엘리사벳이 잉태하지 못하므로 자식이 없고 이미 두 사람의 나이가 많았습니다.

인간의 한계 속에서 인간은 좌절합니다. 그러나 하나님께서는 이때에 일하심으로 말미암아 이 모든 일들이 하나님께로 말미암은 일임을 알게 하시며 더 나아가 하나님께서는 우리의 기도와 간구를 잊지 않으시고 응답하십니다.

"천사가 그에게 이르되 사가랴여 무서워하지 말라 너의 간구함이 들린지라 네 아내 엘리사벳이 네게 아들을 낳아 주리니 그 이름을 요한이라 하라"(13절)

묵상

01 세례 요한의 두 가지 가능한 선택에 관하여 나누어 봅시다.

02 내게 주어진 믿음의 유산에 관하여 나누어 봅시다.

03 현실적 어려움에 대한 믿음의 태도에 관하여 나누어 봅시다.

되새김

참된 신앙은 자신의 안정이 아닌 부르심을 따라 살아갑니다. 참된 신앙은 믿음의 유산을 잘 이어받으며 현실 속에서라도 그 믿음을 따라 행합니다. 세례 요한의 출생 배경은 이러한 신앙의 아름다운 모습을 그의 부모를 통해서 보게 하십니다.

PART

03

세례 요한의 출생 예고
1장8~25절

Key Point

누가복음의 서문과 세례 요한의 출생의 배경에 관한 말씀에 이어 이번 과는 세례 요한의 출생 예고에 관하여 전합니다. 세례 요한의 출생 예고는 그 자신을 위한 것이 아니라 그의 사명과 매우 밀접한 관계가 있습니다.

본문 이해

복음서에 있어서 세례 요한은 매우 중요합니다. 왜냐하면 모든 복음서는 한결같이 예수님의 이야기가 아닌 세례 요한의 이야기로부터 시작하고 있기 때문입니다. 왜 복음서는 예수님에 관한 이야기임에 불구하고 세례 요한에 대한 이야기로 시작할까요? 세례 요한에 관한 말씀 없이 바로 예수님에 관한 이야기로 시작할 수는 없을까요? 실제적으로 예수님의 탄생에 대한 이야기를 하고 있는 마태복음과 누가복음과 달리 마가복음과 요한복음에는 탄생에 대한 말씀이 없습니다. 바로 예수님의 사역에 관하여 말씀하십니다. 이처럼 어떠한 부분을 생략하듯이 예수님의 탄생까지도 생략하고 바로 사역에 관하여 말씀하셨다면 더욱이 세례 요한의 이야기 또한 생략하고 바로 예수님의 사역에 관하여 말씀하셔도 될 것입니다. 그러나 사복음서는 한결같이 모두 세례 요한에 관한 이야기를 먼저 합니다. 왜 그럴까요?

예수님이 탄생하신 때는 아주 중요한 때입니다. 이스라엘 역사 가운데 비록 400년 동안 하나님께서 침묵하셨지만 메시야에 출현에 대한 메시야 대망이 있었습니다(단 9:25-26). 재림의 다시 오실 주님에 관하여서는 언제 오실지 알 수 없습니다. 그러나 초림의 메시야는 예언을 따라 그 오심의 시기가 예언되었고 예수님의 탄생의 때는 이러한 메시야의 오심에 대한 메시야 대망이 가득했던 시대입니다.

하나님의 음성이 없었습니다. 하나님께서 보내신 선지가 무려 400년 동안 없었습니다. 우리는 하나님께서 조금만 응답하시지 않아도 얼마나 쉽게 낙심합니까? 우리의 기도가 응답되지 않을 때, 하나님께서 그 응답에 관하여 침묵하실 때에 얼마나 쉽게 좌절합니까? 그러나 이스라엘은 무려 400년 동안 하나님의 침묵을 경험하였습니다. 그럼에도 불구하고 그들은 하나님의 약속의 말씀을 따라 400년이 지났지만 하나님을 향하여 기대하였고 하나님께서 보내실 메시야에 대한 대망이 있었습니다.

그런데 중요한 것은 이러한 메시야 대망은 엘리야의 출현으로 이루어지는 것입니다. 엘리야가 옴은 곧 메시야가 옴을 뜻하는 것입니다. 이것이 바로 복음서가 예수님에 관한 이야기임에도 불구하고 세례 요한의 말씀으로 시작하는 이유입니다. 메시야가 등장하기 위해서는 반드시 먼저 엘리야가 와야 합니다. 사람들은 메시야를 기다리기는 하지만 엘리야가 오는 것을 기다리게 됩니다.

말라기 3장1절의 말씀입니다.

"만군의 여호와가 이르노라 보라 내가 내 사자를 보내리니 그가 내 앞에서 길을 준비할 것이요 또 너희가 구하는 바 주가 갑자기 그의 성전에 임하시리니 곧 너희가 사모하는 바 언약의 사자가 임하실 것이라"(말 3:1)

더 직접적인 말씀입니다.

"보라 여호와의 크고 두려운 날이 이르기 전에 내가 선지자 엘리야를 너희에게 보내리니그가 아버지의 마음을 자녀에게로 돌이키게 하고 자녀들의 마음을 그들의 아버지에게로 돌이키게 하리라"(말 4:4-5)

사람들은 오실 메시야에 대한 기다림 속에서 먼저 엘리야를 고대하였습니다. 엘리야는 확실한 메시야의 증거가 되기 때문입니다.

1. 사가랴가 직무를 행함을 살펴봅시다(8-10절).

'마침'... 이는 하나님께서 행하시는 중요한 때임을 알게 합니다. 사가랴가 그 반열대로 하나님 앞에서 제사장의 직무를 행할 때입니다. 이스라엘 가운데 있는 제사장 24반열은 일 년에 두 차례씩 한 주간 동안 성전 봉사의 직무를 행합니다. 그러나 모든 사람이 이 일에 동참할 수 없음은 각 반열에 약 1천 명의 제사장들이 있으므로 분향을 하는 일은 제비를 뽑아 이루어졌으며 한 사람이 분향할 수 있는 날은 평생의 한 번쯤이나 가질 수 있는 영광스러운 일이기 때문입니다. 따라서 사가랴가 그 반열대로 하나님 앞에 직무를 행하는 일도, 제비를 뽑아 주의 성전에서 분향하는 것도 보통의 일이 아닌 것입니다.

분향하는 시간에 백성들은 밖에서 기도하고 있었습니다.

마침... 그 반열의 차례대로... 제비를 뽑아... 그 분향하는 시간에... 이는 모두 하나님께서 모든 일을 때를 따라 행하심을 보이시는 것입니다.

2. 천사에 의한 세례 요한의 출생 예고를 살펴봅시다(11-17절).

분향하는 시간에 백성들은 밖에서 기도하고 있었습니다. 이때에 주의 사자가 사가랴에게 나타나 향단 우편에 섰습니다. 사가랴는 향단 우편에 선 천사를 보고 놀라며 무서워하였습니다. 이에 천사는

"사가랴여 무서워하지 말라 너의 간구함이 들린지라 네 아내 엘리사벳이 네게 아들을 낳아 주리니 그 이름을 요한이라 하라 너도 기뻐하고 즐거워할 것이요 많은 사람도 그의 태어남을 기뻐하리니 이는 그가 주 앞에 큰 자가 되며 포도주나 독한 술을 마시지 아니하며 모태로부터 성령의 충만함을 받아 이스라엘 자손을 주 곧 그들의 하나님께로 많이 돌아오게 하겠음이라 그가 또 엘리야의 심령과 능력으로 주 앞에 먼저 와서 아버지의 마음을 자식에게, 거스르는 자를 의인의 슬기에 돌아오게 하고 주를 위하여 세운 백성을 준비하리라"(13-17절)

라 하였습니다. 하나님께서 우리들에게 역사하시는 것은 두려움을 위한 일이 아닙니다.

하나님께서는 우리의 모든 기도와 간구를 들으십니다. 어쩌면 사가랴는 어느 순간 자신의 기도조차 포기했을지도 모릅니다. 그러나 하나

님께서는 마치 이삭의 기도에 대한 응답으로 리브가에게 에서와 야곱을 주셨듯이 그의 기도를 기억하신 것입니다.

하나님께서는 천사를 통하여 사가랴에게 네 아내 엘리사벳이 네게 아들을 낳아 주리니 그 이름을 요한이라 하라고 하였습니다. 늙은 사라가 이삭을 낳았듯이 하나님께서는 다른 이가 아닌 엘리사벳을 통해서 잉태케 하셨으며 더욱이 그에게 하나님께로 말미암은 이름도 주셨습니다. 그 이름은 요한입니다. 그 이름의 뜻은 '하나님은 은혜로우시다'입니다.

하나님께서 사가랴와 엘리사벳에게 행하실 일에 이 일이 얼마나 기쁘고 즐거운 일인가를 알게 하십니다.

"너도 기뻐하고 즐거워할 것이요 많은 사람도 그의 태어남을 기뻐하리니"(14절)

이 아이의 기쁨은 늙은 나이에 낳은 아들이기 때문만은 아닙니다. 그에게는 놀라운 약속이 주어졌습니다.

"이는 그가 주 앞에 큰 자가 되며 포도주나 독한 술을 마시지 아니하며 모태로부터 성령의 충만함을 받아 이스라엘 자손을 주 곧 그들의 하나님께로 많이 돌아오게 하겠음이라"(15-16절 cf.단 12:3)

"그가 또 엘리야의 심령과 능력으로 주 앞에 먼저 와서 아버지의 마음을 자식에게, 거스르는 자를 의인의 슬기에 돌아오게 하고 주를 위하여 세운 백성을 준비하리라"(17절)

3. 사가랴의 불신과 징계를 살펴봅시다(18-23절).

천사에 의한 세례 요한의 출생 예고에 사가랴는 믿을 수 없었습니다. 그러므로 그는 "내가 이것을 어떻게 알리요 내가 늙고 아내도 나이가 많으니이다"(18절)라 하였습니다. 이에 천사는 자신에 관하여 더욱 밝히 말합니다. 곧 자신의 이름과 자신이 부르심을 받음에 관하여 알게 합니다.

"천사가 대답하여 이르되 나는 하나님 앞에 서 있는 가브리엘이라 이 좋은 소식을 전하여 네게 말하라고 보내심을 받았노라"(19절)

천사는 사가랴의 불신에 징계하며 더 나아가 이를 하나님께서 일하심의 징표가 되게 하십니다.

"보라 이 일이 되는 날까지 네가 말 못하는 자가 되어 능히 말을 못하리니 이는 네가 내 말을 믿지 아니함이거니와 때가 이르면 내 말이 이루어지리라 하더라"(20절)

백성들이 사가랴를 기다리며 그가 성전 안에서 지체함을 이상히 여겼으며 사가랴가 나와서 그들에게 말을 못하므로 백성들이 그가 성전 안에서 환상을 본 줄 알았습니다. 그가 몸짓으로 뜻을 표시하며 그냥 말 못하는 대로 있더니 그 직무의 날이 다 되어 집으로 돌아갔습니다.

4. 엘리사벳의 임신을 살펴봅시다(24-25절).

이후에 사가랴의 아내 엘리사벳이 잉태하고 다섯 달 동안 숨어 있으며 "주께서 나를 돌보시는 날에 사람들 앞에서 내 부끄러움을 없게 하시려고 이렇게 행하심이라"(25절) 하였습니다. 하나님의 약속은 반드시 이루어지는 것입니다.

묵상

01 성경에서 세례 요한의 위치와 의미에 관하여 나누어 봅시다.

02 하나님께서 일하시는 때에 관하여 나누어 봅시다.

03 세례 요한에게 약속된 세 가지에 관하여 나누어 봅시다.

되새김

세례 요한에게 약속된 세 가지는 성령에 대한 약속과 그의 삶의 부르심에 관한
약속과 그 사명을 위한 능력에 관한 약속입니다. 이는 세례 요한에게만 주어진
것이 아닌 모든 믿음의 사람들에게는 성령에 대한 약속과 부르심(소명)과 능력(
은사)이 있는 것입니다.

PART

04

예수님의 탄생 예고
1장26~38절

Key Point

누가복음의 서문, 세례 요한의 출생 배경과 예고의 말씀에 이어 이번 과는 예수님의 출생 예고에 관하여 전합니다. 세례 요한은 주 앞에 행하는 자이나 예수님은 구세주이시며, 큰 자이시며, 하나님의 아들이시며, 왕으로 다스리시는 이 이십니다.

누가복음 1-2장은 예수님의 탄생 예고와 탄생에 관하여 전합니다. 복음서 중에 마태복음과 누가복음만이 예수님의 탄생을 전하는데 두 복음서는 같은 틴생을 전하면서도 그 강조점은 달리합니다. 곧 마태복음의 예수님의 탄생은 아브라함과 다윗의 자손으로 이 땅에 오심으로 언약의 성취자이시며 왕으로 오신 예수 그리스도의 모습을 보여준다면 누가복음은 구유로부터 십자가에 이르신 만민의 구세주가 되심을 강조합니다. 이는 마태복음이 유대 그리스도인들에게 전해진 복음서라면 누가복음은 이방 그리스도인들에게 전해졌음을 통해서 살필 수 있습니다. 곧 마태복음에서 예수 그리스도는 율법의 완성자가 되시나 누가복음의 예수 그리스도는 헬라적 배경을 가진 모든 계층들의 구세주가 되십니다.

1. 천사의 마리아 방문을 살펴봅시다(26-28절).

세례 요한에 관한 수태고지가 있은 후 6개월 후에 천사 가브리엘이 하나님의 보내심을 받아 갈릴리 나사렛이란 동네에 가서 다윗의 자손 요셉이라 하는 사람과 약혼한 처녀인 마리아에게 이릅니다.

"은혜를 받은 자여 평안할지어다 주께서 너와 함께 하시도다"(28절)

먼저 나사렛을 이야기하기 전에 갈릴리를 말씀하심은 나사렛은 무명한 잘 알려지지 않은 보잘것 없는 동네임을 알 수 있습니다. 하나님의 역사는 구유에 이루어지기 전에 먼저 이 갈릴리 나사렛에서 이루어진 것입니다.

요셉을 말씀하시기 전에 다윗의 자손이라 하심은 하나님의 역사가 언약을 따라 이루어짐을 알 수 있게 합니다. 마리아를 말씀하시기 전에 처녀라 하심은 주 예수 그리스도의 탄생이 동정녀로 말미암은 역사임을 밝히시기 위함입니다. 이는 하나님의 능력입니다. 평안을 전하기 전에 은혜를 나타냄은 참된 원인은 은혜로 말미암고 그 결과가 평안임을 알게 하십니다.

2. 천사에 의한 수태고지를 살펴봅시다(29-33절).
처녀가 그 말을 듣고 놀라 이런 인사가 어찌함인가 생각합니다. 이 일이 무엇을 의미하는지 알 수가 없는 것입니다. 이에 천사는 이에 관하여 보다 자세히 밝히며 알게 합니다.

"천사가 이르되 마리아여 무서워하지 말라 네가 하나님께 은혜를 입었느니라 보라 네가 잉태하여 아들을 낳으리니 그 이름을 예수라 하라 그가 큰 자가 되고 지극히 높으신 이의 아들이라 일컬어질 것이요 주 하나님께서 그 조상 다윗의 왕위를 그에게 주시리니 영원히 야곱의 집을 왕으로 다스리실 것이며 그 나라가 무궁하리라"(30-33절)

마리아에게 임하심은 무서움을 위한 것이 아닙니다. 그녀는 하나님께 은혜를 입었으며 그 은혜는 그가 잉태하여 아들을 낳을 것입니다.

아들에 대한 예언은 놀라운 것입니다. 그 이름은 예수입니다. 그는 이 땅에 구원자로 오셨으며, 또한 큰 자가 될 것입니다. 세례 요한이 주 앞에 큰 자임에 반해(15절), 예수님은 절대적으로 큰 자가 되십니다. 또한 그는 지극히 높으신 이의 아들이라 일컬어질 것입니다. 비록 사람의 몸을 빌어 태어나시지만 사람의 아들이 아닌 하나님의 아들로서 제2위격인 성자 하나님이 되십니다. 그는 다윗의 왕위를 받은 자로 영원히 야곱을 집을 왕으로 다스릴 것이며 그 나라가 무궁할 것입니다.

3. 천사의 말에 대한 마리아의 질문과 천사의 답변을 살펴봅시다(34-37절).

마리아는 천사에게 '나는 남자를 알지 못하니 어찌 이 일이 있으리이까' 묻습니다. 사라갸의 질문이 불신에 의한 것이라면 마리아의 질문은 결코 불신에 의한 것이 아니었습니다.

이에 대한 두 구절이 이를 증거합니다.

"마리아가 이르되 주의 여종이오니 말씀대로 이루어지이다 하매 천사가 떠나니라"(38절)
"주께서 하신 말씀이 반드시 이루어지리라고 믿는 그 여자에게 복이

있도다"(45절)

마리아의 질문에 천사는 세 가지로 대답합니다. 첫째, 하나님의 능력입니다.

"성령이 임하시고 지극히 높으신 이의 능력이 너를 덮으시리니 이러므로 나실 바 거룩한 이는 하나님의 아들이라 일컬어지리라"(35절)

둘째, 엘리사벳의 증거입니다(36절).

"보라 네 친족 엘리사벳도 늙어서 아들을 배었느니라 본래 임신하지 못한다고 알려진 이가 어미 여섯 달이 되었나니"(36절)

아마도 엘리사벳의 임신은 자신에게 이루어진 일에 대하여 큰 확신을 주었을 것입니다. 그러나 마리아가 붙든 것은 다음의 세 번째입니다.

셋째, 말씀의 증거입니다.

"대저 하나님의 모든 말씀은 능하지 못하심이 없느니라" (37절)

"마리아가 이르되 주의 여종이오니 말씀대로 네게 이루어지이다 하매 천사가 떠나가니라"(38절)

01 하나님께서 마리아를 택하심과 천사의 방문에 관하여 나누어 봅시다.

02 예수님에 대한 예언의 말씀을 살펴봅시다.

03 마리아의 믿음에 관하여 나누어 봅시다.

되새김

하나님의 특별한 은혜를 입은 마리아가 믿음으로 붙든 것은 곧 하나님의 말씀입니다. 하나님께서 가장 아름답게 보시는 것은 우리의 능력이 아닌 믿음입니다. 왜냐하면 참된 하나님의 능력은 우리의 말씀에 대한 믿음 가운데 역사하시기 때문입니다.

PART

05

마리아의 엘리사벳 방문
1장39~56절

Key Point

천사로부터 예수님의 탄생에 관한 수태고지를 받은 마리아는 다른 사람과 의논하지 않고
친족인 엘리사벳을 방문합니다. 같은 믿음의 경험이 있는 자와의 만남은 우리의 연약한
믿음을 더욱 굳게 하시는 것입니다.

누가복음 1장은 서문-세례 요한의 출생 배경과 출생 예고-예수님의 탄생 예고-마리아의 엘리사벳 방문-세례 요한의 출생으로 이어집니다. 이번 과는 천사 가브리엘을 통해서 예수님의 탄생 예고를 받은 마리아가 친족인 엘리사벳을 방문한 말씀과 마리아의 찬가로 구성되어 있습니다.

1. 마리아의 엘리사벳의 방문을 살펴봅시다(39-41절).

천사로부터 수태고지를 들은 마리아는 빨리 산골 유대 한 동네에 사가랴의 아내 엘리사벳을 문안합니다. 사가랴와 엘리사벳은 늙은 자들로 자녀를 잉태하는 놀라운 일을 경험하였고 이러한 경험 가운데 마리아는 자신에게 이루어진 일들을 나눌 수 있었습니다. 믿음의 사람들은 믿음의 사람들을 만나 하나님께서 행하신 일들을 나눌 수 있어야 할 것입니다.

엘리사벳이 마리아가 문안함을 들을 때에 또 다른 이가 반응을 합니다. 곧 엘리사벳의 복중에 있었던 아이가 뛰놀았습니다. 세례 요한은 이 어머니의 복중에서부터 주를 알고 또한 기뻐하며 뛰논 것입니다. 이는 성령께서 행하시는 한 일인 것입니다.

"이는 그가 주 앞에 큰 자가 되며 포도주나 독한 술을 마시지 아니하며 모태로부터 성령의 충만함을 받아"(15절)

2. 엘리사벳의 축복을 살펴봅시다(42-45절).

세례 요한뿐만 아니라 이때에 엘리사벳 또한 성령의 충만함을 받았습니다. 기도와 영혼, 성령 등은 누가복음을 통해서 우리들에게 강조하시는 바입니다. 엘리사벳은 성령의 충만함을 받아 큰 소리로 마리아를 향하여 축복하였습니다. 누가복음에는 총 5편의 노래가 나오는데 엘리사벳의 축복은 이 중에서 첫 번째 노래가 됩니다. 엘리사벳은 큰 소리로 불렀습니다.

a "여자 중에 네가 복이 있으며 네 태중의 아이도 복이 있도다"
  b "내 주의 어머니가 내게 나아오니 이 어찌 된 일인가"
  b' "보라 네 문안하는 소리가 내 귀에 들릴 때에 아이가 내 복중에서 기쁨으로 뛰놀았도다"
a' "주께서 하신 말씀이 반드시 이루어지리라고 믿은 그 여자에게 복이 있도다"

과거 여자 중에 복이 있었던 여인들이 있습니다. 시스라를 죽인 헤벨의 아내 야엘이 그러합니다.

"겐 사람 헤벨의 아내 야엘은 다른 여인보다 복을 받을 것이니 장막에

있는 여인들보다 더욱 복을 받을 것이로다"(삿 5:24)

술람미의 여인은 '여인 중에 어여쁜 자야'라는 칭호를 받았습니다(아 1:8). 그러나 이보다 더욱 큰 복이 한 여인에게 임하였습니다. 그것은 구주의 잉태함으로 말미암습니다. 그러므로 엘리사벳은 마리아와 그 복중의 아이를 축복하였습니다.

엘리사벳의 축복은 더욱 구체적으로 마리아에 관하여 내 주의 어머니라 하였습니다. 이는 엘리사벳의 겸손함이며, 엘리사벳의 신령함을 잘 보여주는 것입니다. 엘리사벳은 간접적이지만 처음으로 예수님을 그 앞에서 주라 고백한 여인이 되었습니다.

엘리사벳은 자신에게 이루어진 일들을 말하였습니다. 복중의 아이가 반응한 때는 마리아의 문안으로 말미암아 소리가 들릴 때부터입니다. 아직 대면하기 전에 그 발소리에도 아이가 기쁨으로 뛰논 것입니다.

엘리사벳은 다시 한 번 여인을 축복합니다.

"주께서 하신 말씀이 반드시 이루어지리라고 믿은 그 여자에게 복이 있도다"(45절)

3. 마리아의 찬가를 살펴봅시다(46-56절).

본문의 말씀은 마리아의 찬가라고 불리는 말씀입니다. 누가복음의 5편의 노래 중에 두 번째입니다. 예수님을 잉태한 하나님의 놀라운 일을 경험한 마리아가 하나님께 찬양으로 영광을 돌리는 것입니다.

마리아의 찬가는 두 구절씩 짝지어서 읽을 수 있습니다.

46절: "마리아가 이르되 내 영혼이 주를 찬양하며"

47절: "내 마음이 하나님 내 구주를 기뻐하였음은"

영혼-마음: 우리의 속 사람이 하나님을 찬양하여야 합니다. 우리의 진심으로 찬양하여야 합니다.

주-하나님 내 구주: 그분은 많은 칭호를 가지고 있습니다. 그의 칭호에 걸맞는 찬양을 올려드려야 할 것입니다. 그분은 주가 되시며, 하나님이시며 또한 구주이십니다.

찬양-기뻐: 그분을 참되게 찬양하는 것은 기쁨으로 찬양하는 일입니다.

48절: "그의 여종의 비천함을 돌보셨음이라 보라 이제 후로는 만세에 나를 복이 있다 일컬으리로다"

49절: "능하신 이가 큰 일을 내게 행하셨으니 그 이름이 거룩하시며"

하나님께 향한 찬양의 구체적인 이유에 관한 말씀입니다. 그분은 우리들의 비천함을 돌보시며 또한 모든 일을 능히 하시는 이가 우리들 가운데 큰 일을 행하시는 것입니다.

50절: "긍휼하심이 두려워하는 자에게 대대로 이르는도다"
51절: "그의 팔로 힘을 보이사 마음의 생각이 교만한 자들을 흩으셨고"

그는 두려워하는 자에게는 긍휼하심으로 대하시지만
마음의 생각이 교만한 자들을 흩으십니다.

52절: "권세 있는 자를 그 위에서 내리치셨으며 비천한 자를 높이셨고"
53절: "주리는 자를 좋은 것으로 배불리셨으며 부자는 빈손으로 보내셨도다"

높은 자를 낮추시며, 낮은 자를 높이시는 일을 행하시며
가난한 자를 부유하게 하시며, 부유한 자를 가난하게 하십니다.

54절: "그 종 이스라엘을 도우사 긍휼히 여기시고 기억하시되"
55절: "우리 조상에게 말씀하신 것과 같이 아브라함과 그 자손에게 영원히 하시리로다"

하나님께서 긍휼히 여기시는 것은 그 말씀과 약속하심으로 말미암은 것입니다.

마리아가 석 달쯤 엘리사벳과 함께 있다가 집으로 돌아갔습니다.

묵상

01 세례 요한의 성령 충만에 관하여 나누어 봅시다.

02 엘리사벳의 성령 충만과 엘리사벳의 축복에 관하여 나누어 봅시다.

03 마리아의 찬가에 관하여 나누어 봅시다.

되새김

주를 두려워하는 자에게는 긍휼을 베푸시지만 교만한 자는 흩으십니다. 높이시는 것도 낮추시는 것도 하나님의 일이시며, 주리는 자에게 좋은 것으로 배불리시는 것도 부자를 빈손으로 보내시는 것도 주로 말미암은 일입니다.

06

세례 요한의 출생
1장57~80절

Key Point

세례 요한의 출생은 그의 출생 예고와 출생 사이에 예수 그리스도의 탄생의 예고를 전하심으로 예수 그리스도의 탄생과 더욱 긴밀하게 연결되어 있습니다. 세례 요한은 그 출생으로부터 철저하게 예수 그리스도를 위한 준비와 사역이 됩니다.

본문 이해

전체적으로 누가복음 1장은 예수님의 탄생 예고를 전합니다. 그러나 이 탄생 예고 안에는 세례 요한의 출생 예고와 출생에 관하여 전하심으로 더욱 예수 그리스도의 탄생을 기대케 합니다. 세례 요한의 출생은 예수 그리스도의 탄생을 더욱 기대케 하며 예수 그리스도의 탄생의 의미를 전합니다.

1. 세례 요한의 출생을 살펴봅시다(57-58절).

세례 요한의 출생 배경과 세례 요한의 수태고지에 관한 말씀에 이어 마침내 세례 요한의 출생에 관한 말씀을 전합니다. 엘리사벳이 해산할 기한이 차서 아들을 낳으니 이웃과 친족이 주께서 그를 크게 긍휼히 여기심을 듣고 함께 즐거워하였습니다.

2. 세례 요한의 이름을 짓게 된 배경을 살펴봅시다(59-66절).

팔 일이 되어 아이를 할례를 행하였습니다. 유대인들은 산모가 아이를 낳으면 7일간 부정한데(레 12:2) 아이도 부정한 것으로 여기고 제 팔일이 되는 날에는 이 부정함을 씻고 하나님의 언약으로 새로운 태어남으로 상징하여 할례를 행하였습니다. 더불어 할례를 행하는 날에 유대인들은 그에게 이름을 지어 주었는데 아버지의 이름을 따라 사가랴라 하고자 하였으나 그 어머니가 아니라 요한이라 할 것이라 하였습니다. 사람들은 네 친족 중에 이 이름으로 이름한 이가 없다 하고 그의 아버지께 몸짓하여 무엇으로 이름을 지으려 하는가 물었습니다. 이에 그가 서판을 달라 하니 그 이름을 요한이라 썼습니다. 이에 그들은 다 놀랍게 여겼습니다. 그러나 이보다 더 놀라운 것은 지금까지 말을 하지 못하였던 곧 아이가 낳을 때까지 10개월 동안 말을 하지 못하였던 사가랴의 입이 곧 열리고 혀가 풀려 말을 하게 되었습니다. 그리고 그가 하나님을 찬송하였습니다. 이는 놀라움을 넘어 두려운 일이 되었습니다. 이 아이와 그 가정에 이루어진 일은 온 유대 산골에 두루 퍼졌으며 듣는 사람이 다 이 말을 마음에 두며 이르기를 이 아이가 장차 어찌 될까 하였으니 이는 주의 손이 그와 함께 하심입니다.

3. 사가랴가 말을 하게 된 의미를 살펴봅시다(64절).

사가랴가 말을 하였다는 것은 하나님의 말씀에 대한 믿음이 얼마나 중요한 것이며, 이에 대한 불신이 얼마나 무서운 것인가를 깨닫게 합니다. 우리는 하나님의 말씀을 그대로 믿는 자들이 되어야 합니다. 하나님의 일을 사람의 생각과 사람의 판단으로 여겨서는 안될 것입니다. 그러나 사가랴가 말을 하게 됨은 더 큰 의미가 있습니다.

이스라엘에는 400년 동안 하나님의 침묵하심으로 말미암아 선지자가 출현되지 않았습니다. 한 사람 사가랴의 침묵과 입이 풀림은 단순히 개인적인 사건이 아니라 하나님께서 이 세대를 향하여 다시 말씀하시기 시작하심에 대한 전조가 됩니다.

4. 사가랴의 찬양을 살펴봅시다(67-79절).

누가복음에 나오는 5번의 노래 중에 세 번째 노래가 사가랴의 찬양입니다. 이는 주 예수 그리스도를 이 땅에 보내시고 구원자 되심에 대한 찬양이 됩니다. 사가랴는 늙은 나이에 난 자신의 자식을 통한 감사와 찬양이 아닌 하나님께서 이루실 구속의 은혜에 대하여 찬양합니다.

사가랴는 성령의 충만함으로 예언하였습니다. 이는 개인적인 고백을 넘어 성령의 역사로 말미암은 것임을 알 수 있습니다.

시는 다음과 같은 아름다운 구조를 가지고 있습니다.

A. 68절
  B. 69절
    C. 70절
      D. 71절
        E. 72절
        E'. 73절
      D'. 74-75절
    C'. 76절
  B'. 77절
A' 78-79절

A "찬송하리로다 주 이스라엘의 하나님이여 그 백성을 돌보사 속량하시며"(68절)

사가랴는 먼저 찬양으로 이 모든 노래를 시작합니다. 그가 찬양함은 그에게 베푼 하나님의 은혜가 아닌 이스라엘 가운데 행하신 일들로 말미암은 것입니다. 주 이스라엘의 하나님이 그 백성을 돌보셨으며 속량하심으로 말미암은 것입니다. 이제 보다 구체적인 이에 대한 내용은 상응하는 78-79절에서 나타납니다.

A' "이는 우리 하나님의 긍휼로 인함이라 이로써 돋는 해가 위로부터 우리에게 임하여 어둠과 죽음의 그늘에 앉은 자에게 비치고 우리 발을 평강의 길로 인도하시리로다"(78-79절)

앞선 하나님의 돌보심과 속량하심에 대한 구체적인 말씀으로 하나님의 돌보심은 하나님의 긍휼로 나타났으며, 하나님의 속량하심은 돋는 해가 위로부터 우리에게 임하여 어둠과 죽음의 그늘에 앉은 자에게 비치고 우리 발을 평강의 길로 인도하심으로 나타났습니다. 이는 하나님을 향한 찬양의 넘치는 이유가 됩니다.

B "우리를 위하여 구원의 뿔을 그 종 다윗의 집에 일으키셨으니"(69절)

하나님의 구원의 구체적인 역사로 구원의 뿔을 그 종 다윗의 집에 일으키셨습니다.

B' "주의 백성에게 그 죄 사함으로 말미암는 구원을 알게 하리니"(77절)

하나님의 구원은 구원의 뿔을 다윗의 집에서 일으키사 죄 사함으로 말미암는 구원입니다. 누구든지 그 죄 사함을 얻지 못하는 자는 구원을 얻을 수 없는 것입니다.

C "이것은 주께서 예로부터 거룩한 선지자의 입으로 말씀하신 바와 같이"(70절)

하나님의 구원은 즉흥적인 어떠한 역사가 아닌 오랜 섭리와 역사 속에서 이루어진 것입니다. 이는 하나님의 약속으로 말미암은 것이며 이를 선지자로 통하여 알게 하셨습니다.

C' "이 아이여 네가 지극히 높으신 이의 선지자라 일컬음을 받고 주 앞에 앞서 가서 그 길을 준비하여"(76절)

선지자로 하나님의 약속을 알게 하신 하나님께서는 마지막 선지자로 세례 요한으로 하여금 주 앞에서 앞서 가서 그 길을 준비하는 사역을 하게 합니다.

D "우리 원수에게서와 우리를 미워하는 모든 자의 손에서 구원하시는 일이라"(71절)

하나님의 구원은 원수에게서와 우리를 미워하는 모든 자의 손에서의 구원입니다.

D' "우리가 원수의 손에서 건지심을 받고 종신토록 주의 앞에서 성결과 의로 두려움이 없이 섬기게 하리라 하셨도다"(74-75절)

이 구원은 단지 원수의 손에서만 건지심을 받는 것이 아닌 종신토록 주의 앞에서 성결과 의로 두려움이 없이 섬김에 있습니다.

이 모든 것의 깊이에는 하나님의 긍휼과 그 긍휼하심으로 말미암는 언약이 있습니다.

E "우리 조상을 긍휼히 여기시며 그 거룩한 언약을 기억하셨으니"

이는 구체적으로 아브라함에게 하신 언약입니다.

E' "곧 우리 조상 아브라함에게 하신 맹세라"(73절)

5. 세례 요한의 성장을 살펴봅시다(80절).

"아이가 자라며 심령이 강하여지며 이스라엘에게 나타나는 날까지 빈들에 있으니라"(80절)

아이가 자라며 심령이 강하여짐은 그의 육적인 면을 통해서 우리의 영혼을 가르칩니다. 곧 우리의 믿음도 더욱 자라며 강하여져야 하는 것입니다. 세례 요한은 이스라엘에게 나타나는 날까지 빈들에 있었습니다.

묵 상

01   세례 요한의 출생이 주는 교훈에 관하여 나누어 봅시다.

02   세례 요한의 출생에 대한 다양한 반응들을 나누어 봅시다.

03   사가랴의 찬양에 관하여 나누어 봅시다.

되새김

단지 10개월간 말을 못하였던 사가랴의 징계와 달리 하나님께서는 스스로 400년 동안 이스라엘에게 말씀하시지 않으셨습니다. 그러나 마침내 사가랴가 말을 함을 통해서 우리는 하나님께서 말씀하시기 시작하시는 것을 기대하는 것입니다. 오늘날은 더욱더 하나님께서 말씀하시며 성령의 능력을 나타내는 시대입니다.

PART

07

예수님의 탄생
2장1~7절

Key Point

역사가로서 누가는 예수님의 탄생에 대한 자세한 정황을 전하여줍니다. 예수님의 탄생은
가이사 아구스도의 영과 관련됩니다. 그러나 결국 이 모든 일들 속에는 하나님의 섭리와
역사가 있는 것입니다. 모든 상황 속에는 하나님의 섭리가 있습니다.

누가복음 1장은 예수님의 탄생의 예고에 관한 말씀이었습니다. 그 안에는 세례 요한의 출생 예고와 출생의 이야기를 통해서 더욱더 예수님의 탄생을 기대케 하였습니다. 이제 2장은 예수님의 탄생에 관하여 전합니다. 누가복음은 예수님의 탄생의 자세한 정황과 함께 탄생에 관하여 전합니다.

■ 누가복음 2장의 구조적 이해

　눅 2:1-7: 예수님의 탄생
　눅 2:8-21: 목자들의 방문
　눅 2:22-40: 시므온과 안나
　눅 2:41-52: 예수님의 어린 시절

1. 예수님의 탄생 시기를 살펴봅시다(1-2절).

누가는 예수님의 탄생에 관하여 예수님에 관한 이야기를 하기 이전에 가이사 아구스도에 관한 이야기를 하고 있습니다. 저 로마의 첫 번째 황제가 되는 아구스도가 영을 내려 천하로 다 호적하라 하였습니다. 이 정치적인 한 사건이 예수의 탄생에 관한 하나님의 섭리를 이루는 하나의 수단이 됩니다. 낯설고 먼 저 로마의 황제의 영이 변방의 한 시골의 한 가정에까지 영향을 미쳤고 이로 말미암아 하나님께서 오랜 세월

계획하셨고 예정하셨던 일이 이루어지게 되었습니다. 우리는 오늘 우리가 생각하는 어떠한 사건들 속에도 하나님의 섭리가 있음을 알아야 할 것입니다.

아구스도와 함께 당시의 또 한 사람의 통치자에 관해서 전합니다. 그는 수리아의 총독이었던 구레뇨입니다. 그러나 말씀의 주인공은 아구스도도 아닙니다. 구레뇨도 아닙니다. 우리는 이 세상의 그 무엇도 주 예수께 향한 우리들의 시선을 빼앗지 못하도록 하여야 하겠습니다.

누가는 이 호적은 구레뇨가 수리아 총독 되었을 때에 처음 한 것이라 하였습니다. 예수의 탄생에 관련하여 정확한 역사적인 배경과 시간을 오늘날 복원하는 것은 어려운 일입니다. 우리가 쓰고 있는 서기 또한 본의 아니게 6세기 수도승이자 천문학자인 디오니시우스 엑시그누스(디오니시우스)에 의해 세계 역사상 가장 큰 숫자적 착오가 있었습니다. 그리스도의 탄생을 축으로 한 새 달력을 만들면서 그는 로마 건국 후 753년에 그리스도가 탄생한 것으로 계산하였습니다. 그런데 헤롯 대왕이 죽은 것은 로마 건국 후 749년이었습니다. 그는 그리스도의 탄생을 적어도 4년에서 5년 늦추어 놓았던 것입니다.

또한 고고학자들의 연구는 구레뇨가 수리아 총독이 되었을 때를 예수님의 탄생과 연관시키기에는 너무나도 큰 연대기적인 차이가 있음을 밝히고 있습니다. 우리는 이 연대의 문제에 관하여 정확한 시기와 연대를 산출하는 어려움을 가집니다. 그러나 이러한 어려움에도 불구하고 우리들의 신앙의 근간을 흔드는 문제로까지 생각할 필요는 없습니다. 우리가 다만 그것을 연대기적인 현대의 산출로서 제시하지 못할 뿐이지 이러한 문제가 교회사 초대에 이루어지지 않았다는 것은 어쩌면 이것이 보다 후대의 문제일 뿐이라고 생각할 수도 있는 것입니다. 보다 중요한 것은 오늘 말씀 속에서 우리들에게 가르쳐 주시는 여러 가지 교훈들을 바로 듣고 또한 고백할 수 있는 것입니다.

2. 요셉이 호적하기 위해 베들레헴에 올라감을 살펴봅시다(3-5절).

모든 사람의 호적으로 말미암아 요셉도 다윗의 집 족속인 고로 갈릴리 나사렛 동네에서 유대를 향하여 베들레헴이라 하는 다윗의 동네로 그 정혼한 마리아와 함께 호적하러 올라갔습니다. 마리아는 이미 잉태하였고 해산의 날이 다가왔습니다. 그럼에도 불구하고 이 여행을 미룰 수 없었던 것은 이 명령이 엄했을 수도 있고 아니면 하나님의 계시가 마리아와 요셉을 계속 주장했는지, 아니면 당시의 문화적인 관습과 형편이 아직 제대로 된 결혼을 하지 못한 마리아가 임신한 일로 말미암았는지 알 수 없습니다. 다만 이러한 형편들이 복합적으로 작용해서 결국 마리아는 정상적인 상황인 나사렛에서 예수님을 낳은 것이 아니라 오랜 예언을 따라 저 다윗의 동네인 베들레헴에서 예수님을 낳게 된 것입니다.

3. 예수님의 탄생을 살펴봅시다(6-7절).

"거기 있을 그 때에 해산한 날이 차서"(6절)

하나님께서는 모든 시간까지 섭리하십니다. 하나님께서는 해산이 베들레헴으로 가는 노중에 이루어지게 않게 하셨습니다. 하나님께서는 정확하게 이 시기를 베들레헴에 이르렀을 때에 이루어지게 하신 것입니다.

우리는 우리들의 모든 상황까지도 하나님의 인도하심이 있다는 것을 깨달아야 할 것입니다. 모든 상황과 시간까지 하나님께서 섭리하신다는 이 사실을 깨닫고 우리들의 어려움까지, 우리들의 비전까지 하나님께 맡길 수 있는 그러한 믿음을 소유하여야 할 것입니다.

다음의 말씀은 더욱 놀라운 말씀입니다.

"첫아들을 낳아 강보로 싸서 구유로 뉘었으니 이는 여관에 있을 곳이 없음이러라"(7절)

하나님께서는 모든 상황과 시간까지 섭리하시면서 이러한 제한을 인간사에 펼치셨습니다. 하나님께서는 그 장소를 베들레헴으로 정하시고 모든 상황을 강권하셔서 요셉과 마리아를 베들레헴으로 인도하셨습니다. 하나님께서는 시간을 섭리하셔서 베들레헴에 이르렀을 때에 마리아로 만삭이 되게 하시고 해산의 날이 차게 하셨습니다. 그런데 하나님께서 마치 실수를 하신 듯한 일을 보이십니다. 그것은 여관에 있을 곳이 없음입니다. 모든 것이 하나님의 뜻대로 이루어졌는데 정작 이 불쌍하고 가난한 부부인 요셉과 마리아가 쉴 공간이 없었습니다. 만왕의 왕이 쉴 작은 방조차 마련되지 못하였습니다. 아이는 강보에 싸여서 구유에 뉘어졌습니다. 만왕의 왕이 짐승과 같은 대우를 받게 되었습니다. 이날은 가장 기쁘고도 슬픈 날이 아닐 수 없습니다. 아이를 낳은 기쁨에도 불구하고 부모로서 이 낯선 환경과 처지 속에서 이 부부가 할 수 있는 일은 아무것도 없었던 것입니다.

우리 예수님의 이 땅의 오심은 철저하게 하나님의 계획과 예비하심 속에 이루어졌다는 것을 깨달아야 합니다. 저 베들레헴, 그리고 그곳에서 낳게 됨도 하나님의 예비하심이며 여관이 있을 곳도 없음과 구유에 아이를 뉘일 수밖에 없었던 것도 하나님의 섭리였습니다. 하나님께서는 이 땅에 오시되 낮고 천하게 오셨습니다. 그분은 이 땅에 겸손하게 오셨습니다. 그는 오셨을 때만이 아니라 그분의 말씀대로 인자는 머리 둘 곳이 없다 하심으로 이 땅을 사셨던 것입니다. 그는 이 땅에 많은 것을 취하려 하지 않았습니다. 그분의 것은 하늘에 있기에 이 땅에 무언가를 취하려 하지 않으셨던 것입니다. 이 얼마나 놀라운 말씀입니까? 우리는 참으로 저 세상을 바라본다고 하지만 여전히 이 땅의 것을 취하기 위하여 동분서주하지 않습니까? 그러나 예수님께서는 이 땅에 사시면서 하나라도 이 땅의 것을 취하려고 하지 않으셨던 것입니다.

또한 우리들이 알 것은 예수님께서 구유에 오심은 그분의 겸손과 자기 비하만이 아닌 그분의 사역과 관련됩니다. 곧 그분은 참된 제물로서 이 땅에 오신 것입니다. 속죄의 제물로 오신 주님께서 구유에 오심은 너무나도 자연스럽습니다.

묵상

01 가이사 아구스도와 예수님을 비교하여 봅시다.

02 하나님의 예비하심과 섭리에 관하여 나누어 봅시다.

03 예수님의 탄생이 주는 교훈에 관하여 나누어 봅시다.

되새김

세속사의 한 사건은 하나님의 섭리를 이루시는 데에 한 수단이 되었습니다. 이 세상에서 이루어지는 일들 가운데에서도 우리는 믿음의 역사를 읽을 수 있어야 합니다. 그러나 하나님께서 보이신 이 귀한 역사는 화려한 무대 중심에 있었던 것이 아니라 저 변두리가 되는 베들레헴 한 구유 위에서 이루어졌음을 잊지 말아야 할 것입니다.

PART

08

목자들의 방문 1
2장8~21절

Key Point

예수님의 탄생에 이어 첫 번째 방문과 증인으로서 목자들의 방문에 관하여 전합니다. 마태복음의 동방박사들의 방문과 여러 가지로 대조적인 목자들의 방문은 예수님 탄생의 의미를 전하여 줍니다.

본문 이해

예수님 탄생의 소식이 가장 먼저 목자들에게 전해졌습니다. 천사들의 방문을 받은 유일한 사람들이 바로 목자들입니다. 예수님 탄생의 소식을 많은 사람들에게 전하시지 않고 다만 목자들만이 그 밤에 방문케 하셨습니다. 우리는 이로써 하나님께서 목자들을 택하심에 관하여 깊이 있는 묵상을 할 수 있어야 합니다. 예수님의 탄생이 낮고 비천하게 이루어졌을 뿐만 아니라 하나님께서는 그 증인들조차 당시의 천시받는 사람들로 통해서 이루어지게 하셨습니다. 이 얼마나 놀라운 일입니까? 언제나 인간의 지혜로움은 하나님 앞에 어리석고 하나님의 어리석음은 인간의 지혜로움보다도 더 뛰어난 것입니다.

1. 예수님의 탄생을 목격한 목자들에 관하여 살펴봅시다(8절).

"그 지역에 목자들이 밤에 밖에서 자기 양 떼를 지키더니"(8절)

하나님께서는 멀리 있는 목자들을 초청하신 것이 아니라 그 지역에 있는 목자들을 초청하셨습니다. 이는 다만 이들이 선택을 받았음을 의미하며 이는 모든 목자들을 대표한 것입니다. 이들의 특별한 무엇으로 말미암아 선별된 것이 아니고 그 지역에 목자들이었기에 우리는 이 목자의 귀함을 보게 됩니다.

① 목자의 사명은 귀한 것입니다.

이 목자들은 사회적으로 천시받던 사람들입니다. 그러나 하나님께서는 아무것도 아닌 미물인 양들을 보살피는 일들을 귀히 여기셨으며 이는 우리들에게 귀한 교훈을 줍니다. 미물인 양 떼를 지키는 자들도 귀히 여김을 받았다면 오늘날 우리가 사랑하는 성도들을 귀히 여기고 섬기는 것은 얼마나 귀한 일입니까?

② 목자는 자신의 지역 가운데 있는 양들을 보살핍니다.

목자들은 다만 자신의 지역 가운데 있는 양들을 보살필 뿐이었습니다. 위대한 일은 되지 않는다고 할지라도 오늘 우리가 속한 곳에 있는 사람들을 섬기는 일들은 얼마나 귀한 것입니까?

③ 목자들은 자신의 안식을 포기하여야 했습니다.

목자들은 밤에 지켜야 했습니다. 밤은 어떠한 사람들에게는 안식의 시간이었지만 또한 가장 위험한 시간이기도 하였습니다. 도둑은 언제나 밤에 옵니다. 평안함이라는 것은 언제나 위기의 때이기도 한 것입니다. 목자들은 이러한 밤에 양 떼를 지키기 위하여 자신의 안식을 포기하여야 했습니다. 우리는 우리의 섬김에도 이러한 교훈이 있음을 알아야 합니다. 때때로 우리의 평안을 포기하여야 할 때가 있는 것입니다.

④ 목자들은 고생하고 수고하여야 했습니다.

목자들은 밖에서 양 떼를 지켜야 했습니다. 이는 많은 수고와 고생을 의미하는 것입니다. 성도를 보살핀다는 것은 이러한 수고와 고생이 뒤따름을 알아야 할 것입니다.

⑤ 양 떼를 지키는 일은 귀한 일입니다.

목자들은 양 떼를 지켰습니다. 우리가 하는 일들은 어쩌면 지키는 일 외에 다른 일은 아닐 것입니다. 그러나 이것으로 족하고 귀한 일임을 알아야 할 것입니다.

2. 목자들에게 전하여진 소식에 관하여 살펴봅시다(9-11절).

① "무서워하지 말라" - 구원의 소식

하나님이 이 땅에 오심은 참으로 두려운 일입니다. 왜입니까? 우리들은 죄인이기 때문입니다. 우리는 우리 스스로 죄인이라는 사실을 망각하고 살아갑니다. 그리고 많은 사람들이 이 사실을 언제 깨닫습니까? 하나님의 심판대 앞에서 깨닫게 됩니다. 그때까지 사람들은 자신이 죄인이라는 사실을 잊고 살아가는 것입니다. 그러므로 죄인 된 이 세상에 심판주가 되시는 하나님께서 오심의 사건은 참으로 크고 두려운 사건이 아닐 수 없습니다. 그러므로 천사들이 목자들에게 나타나서 한 첫 번째 말씀은 무서워하지 말라는 것입니다.

하나님께서 이 땅에 오신 목적은 두려움을 위하여, 무서움을 위하여 이 땅에 오심이 아닙니다. 하나님께서 이 땅에 오심의 사건은 참으로 기쁨의 사건입니다. 은혜의 사건입니다. 두려운 것은 하나님께서 오심이 아니라 하나님께서 주신 그 은혜를 거부함에 있는 것입니다.

하나님께서 우리들에게 구원을 위한 어떠한 수준을 요구하시지 않으셨습니다. 하나님께서는 친히 우리들을 위하여 그 죄값을 담당하셨습니다.

무서워하지 말라... 이는 목자들을 통해서 가르쳐주시는 첫 번째 교훈입니다. 이 소식은 심판과 정죄가 아닌 구원을 위한 소식입니다.

② "온 백성에게 미칠" – 복음에는 능력이 있습니다.
때때로 어떠한 유명인이 결혼식을 행할 때에 더 많은 사람들을 부를 수 있음에도 불구하고 그렇게 하지 않고 특별히 선택된 몇몇 지인들만 초청하여 조용히 결혼식을 갖는 사람들을 봅니다.

우리 주님께서도 이 땅에 오실 때에 많은 사람들을 부르신 것이 아니라 다만 몇몇 사람들을 증인 삼으셨습니다. 그런데 하나님께서 이 탄생의 날에 초청한 사람들은 이 땅에서 유명한 사람도, 존귀한 사람도, 부유한 사람도 아니었습니다. 그들은 밤을 새우며 양들을 지켜야 했던 목자들이었습니다.

왜 하나님께서는 유명하고 존귀한 사람들을 이 성탄에 초대하지 않으시고 보잘 것 없는 미천한 사람들을 초청하셨을까요?

복음에는 능력이 있습니다. 오늘 말씀에 이 기쁨 소식이 존귀한 사람에게 전하여졌다면 어떠했겠습니까? 복음의 능력이 아니라 그 사람의 능력으로 소식이 전해질 수 있을 것입니다. 그러나 하나님께서는 이 소식을 가장 미천한 사람에게 다시 이야기하면, 가장 영향력이 없는 가장 힘이 없는 사람에게 전하셨습니다. 이는 복음의 능력을 잘 보여주시는 것입니다. 참된 능력은 복음 자체에 있습니다. 온 세상에 미치는 그 능력이 이 복음 안에 있는 것입니다. 이 복음이 우리 안에 들어와 우리를 변화시키는 것이며, 이 복음이 땅 끝까지 전해지게 하시는 것입니다.

③ "큰 기쁨의" - 복음은 절망의 인간에게 가장 큰 기쁨의 소식입니다.

주님께서 이 땅에 오심은 우리의 죄의 구원을 위한 일입니다. 이는 인간이 상상하지 못했던 근원적인 변화를 가지고 오는 사건이 아닐 수 없습니다. 그러므로 주님의 오심은 큰 소식이 됩니다.

사형수에게 있어서 사형집행의 날이 미루어졌다는 것은 큰 소식일 수 있습니다. 그러나 이보다 더 큰 소식은 무죄가 선언되었고 그가 감옥으로부터 나가게 된다는 소식은 참으로 큰 소식이 아닐 수 없습니다. 죄인은 사형수입니다. 그 집행의 날을 기다리는 사형수와 같습니다. 죄인에게 남겨진 것은 죽음의 날입니다. 그러나 하나님께서는 우리의 죄의 문제를 해결하여 주신 것입니다. 엄청난 은혜가 바로 예수 그리스도, 그 십자가에서 이루어진 것입니다.

바나바 만큼 복음의 본질에 가깝게 경험한 사람이 없습니다. 바나바는 예수님 대신에 풀려난 사람입니다. 사형수로서 그는 십자가 형이 주어졌습니다. 그러나 유월절 전례대로 한 사람의 사형수를 풀어주게 될 때에 그는 예수님 대신에 풀려난 사람이 되었습니다. 우리들에게 주신 복음은 가히 큰 소식이 됩니다.

④ "좋은 소식" - 복음은 은혜입니다.
복음이 좋은 소식이 됨은 우리들에게 무엇을 요구하시지 않으심에 있습니다.

동방의 박사들은 황금과 유향과 몰약이라는 예물을 가지고 먼 길을 왔습니다. 그들은 빈손으로 오지 않았습니다. 그러나 목자들에게 복음의 소식이 전하여졌을 때에 그들은 예물을 준비할 시간이 없었으며 예물을 준비할 수 있는 능력이 되지 않았습니다. 왜냐하면 그들은 그 밤에 부르심을 받았기 때문입니다. 지체할 시간이 없었습니다. 그들은 양을 지킬 때에 부르심을 받았습니다. 그들은 빈손으로 왔습니다. 이는 우리의 구원은 우리의 빈손 가운데 주어짐을 알게 하시는 것입니다. 복음 안에서 차별이 있을 수 없습니다. 복음 안에는 미천한 자와 존귀한 자의 차이가 없습니다. 가난한 자와 부유한 자의 차이가 없습니다. 무명한 자와 유명한 자의 차이가 없습니다. 모두가 복음 안에서 빈손이기 때문입니다. 하나님의 구원은 은혜로, 선물로 주어지는 것입니다.

복음 안에서 자랑하는 사람들이 있습니다. 복음 안에서 교만한 사람들이 있습니다. 이 얼마나 잘못 배운 것입니까? 우리는 다 빈손입니다. 우리들에게 주어진 복음은 빈손에 주어진 것입니다. 교회 안에는 오직 은혜만이 넘치는 것입니다.

이제 이 온 백성에게 미칠 큰 기쁨의 좋은 소식이 무엇인지를 알게 하십니다.

"오늘 다윗의 동네에 너희를 위하여 구주가 나셨으니 곧 그리스도 주시니라"(11절)

묵상

01 목자들을 통한 교훈을 나누어 봅시다.

02 천사가 전한 복음의 특징에 관하여 나누어 봅시다.

03 천사가 전한 복음에 관하여 나누어 봅시다.

되새김

마태복음은 천사가 요셉에게 현몽하여 예수님의 탄생 예고를 통해서 예수님에
관하여, 복음에 관하여 알게 하였습니다. 이제 누가복음은 천사가 목자들에게 나
타나 탄생하신 예수님에 관하여, 복음에 관하여 알게 합니다.

PART

09

목자들의 방문 2
2장8~21절

Key Point

예수님의 탄생에 이어 첫 번째 방문과 증인들로서 목자들의 방문에 관하여 전합니다.
이번 과는 마태복음의 동방박사들의 방문과 누가복음의 목자들의 방문을 비교합니다.

본문 이해

1. 목자들과 동방박사들을 비교하여 봅시다.

① 멀리 있는 자와 가까이 있는 자

첫째, 동방의 박사들은 멀리 있는 자들을 부르심을 보여주며 목자들은 가까이 있는 자들을 부르심을 보여주십니다.

동방박사들은 먼 곳에서부터 주님께 이른 사람들입니다. 하나님께서는 이처럼 멀리 있는 사람들까지 부르시고 인도하십니다. 세상의 빛은 아무리 밝아도 가까이는 환히 비추지만 멀리 갈수록 희미해집니다. 그러나 주 예수의 영광의 빛은 먼 곳에 이르러서도 온전한 빛을 비춥니다. 우리가 아무리 멀리 하나님으로부터 떠났다고 할지라도 하나님께서는 마치 곁에 있던 사람처럼 부르실 것입니다. 아무리 오랫동안 하나님을 떠나 지냈다고 할지라도 하나님께서는 마치 어제 하나님을 떠났던 사람처럼 또한 부르실 것입니다. 그러므로 우리는 주님의 부르시고 인도하심에 아무리 주님으로부터 멀리 떠나 있었다고 할지라도 돌아와야 합니다. 돌아가기엔 너무나 멀리 왔다고 생각할 때가 있을 것입니다. 그러나 이러한 생각은 나의 생각이며 사단이 주는 생각입니다. 이는 무서운 생각입니다. 우리 주님은 그렇게 말씀하시지 않습니다. 우리가 아무리 멀리 있다 할지라도 우리를 이끄시는 하나님께서는 넉넉히 우리들을 주께로 인도하여 주실 것입니다.

이제 우리는 목자들을 보아야 합니다. 목자들은 베들레헴 그 지역의 목자들이며 가까이에 있던 사람들입니다. 주님께서는 가까이에 있는 자들을 부르셨습니다. 그러나 그들 또한 천사의 방문을 받고 이 일을 알게 되고 주님께 나아오게 됩니다. 목자들이 결코 스스로 나온 것이 아닙니다. 아무리 가까이 있는 듯하여도 주님께서 부르시지 않으시면 인도함을 받을 수 없는 것입니다. 가까이에 있는 우리들도 또한 주님의 부르심의 음성을 들어야 합니다. 가까이 있음에도 불구하고 주님께서 부르시지 않으시면 누구라도 주님 앞에 나아올 수 없습니다. 멀리 있다고 하여서 낙심할 것이 아니며 가까이 있다고 하여서 안심할 수 없는 것입니다. 우리는 우리 자신에 관하여서도 살펴야 합니다. 우리는 주님 곁에 있다고 생각하지만 우리의 마음을 문을 진정으로 주님께 열었는지 살펴야 할 것입니다. 우리는 물론 예배를 드립니다. 교회 모임에 지속적으로 참여합니다. 그러나 진실로 내 마음의 문을 주님께 열었는지 살펴야 할 것입니다. 진정으로 주님과 교제하며 주님과 함께 하며 주님의 인도하심을 받고 있는지 살필 수 있어야 할 것입니다. 주님께서는 동방의 박사들과 같이 멀리 있는 자를 부르시며 또한 목자들과 같이 가까이 있는 자들을 부르시는 주님이십니다.

② 학식이 있는 자와 학식이 없는 자

둘째, 동방의 박사들은 학식이 있는 자들이었으며 목자들은 학식이 없었던 사람들이었습니다.

동방박사들은 학식이 있는 사람들입니다. 교양이 있는 사람들입니다. 지위가 있는 사람들입니다. 그들은 나름대로 배운 사람들입니다. 그러나 주님 앞에 나아올 때에는 그들의 학식으로 나아오는 것이 아니며 그들의 교양으로 나아오는 것이 아니며 그들의 지위로 나아오는 것이 아닙니다. 그들은 별 따라왔습니다. 그들의 학식이 주님 앞으로 인도하지 못했고 그들의 교양과 지식이 그들을 주님 앞으로 이끌지 못하였습니다. 다만 별이 그들을 주님께로 인도하셨습니다. 누구도 주님의 이끄심이 없이는 주님 앞에 나아갈 수 없는 것입니다. 그리고 그들 또한 주 앞에 나아올 때에 엎드려 경배하여야 하는 것입니다. 동방의 박사들은 학식이 있고 지위가 있고 지식이 있었지만 우리는 주님 앞에 아무것도 결코 자랑할 수 없음을 알아야 할 것입니다. 겸손함을 배워야 할 것입니다. 높으신 주님께서도 자기를 낮추시고 사람이 되시고, 구유에 뉘우셨는데 우리 중에 누가 감히 자신을 높일 사람이 있겠습니까? 주님의 낮아지심을 생각한다면 누구도 절대로 자신을 높일 수 없는 것입니다.

이제 우리는 목자들을 살펴보아야 합니다. 동방의 박사들에 비해 목자들은 학식도 없었고 배운 바 교양도 없었으며 지위도 갖지 못한 미천한 사람들입니다. 그들은 한 마디로 못 배운 사람들입니다. 그러나 주님께서는 역시 학식으로 부르시지 않으시고, 교양으로 부르시지 않으시고, 그들의 지위로 부르시지 않으시기에 목자들 또한 주님의 부르심을 받고 나아오게 되는 것입니다. 우리의 보잘것 없음이, 우리의 가난함이 주님 앞에 나아가지 못하는 이유가 되어서는 결단코 안될 것입니다. 우리가 아무것도 자랑할 수 없음과 마찬가지로 동일하게 우리가 가진 것이 없음과 볼품이 없어 주님 앞에 나아갈 수 없다는 것은 하나님의 은혜를 역시 은혜로 여기지 못하는 것이 되는 것입니다. 우리는 어떻게 주님 앞에 나아가야 하겠습니까? 우리의 있는 그대로의 모습 그대로 나아가야 할 것입니다. 그것이 바로 주님이 기뻐하시는 모습입니다. 주님께서는 동방의 박사들과 같이 학식이 있는 자들도 부르시며 목자들과 같이 미천한 사람들도 부르시는 것입니다. 동방의 박사들이 별 따라 인도함을 받았다면 목자들은 천사의 계시를 받았습니다. 복음은 참으로 차별하지 않고 만민을 부르시는 것입니다.

③ 예물을 가지고 온 자와 빈 손으로 온 사람들
셋째, 동방의 박사들은 예물을 가지고 왔으며, 목자들은 빈손으로 왔습니다.

동방의 박사들은 귀한 예물을 가지고 나아왔습니다. 그러나 하나님께서는 우리의 예물을 보고 우리들을 부르신 것이 아닙니다. 비록 귀한 예물을 가지고 동방의 박사들이 나아왔지만 그것이 그들의 자랑이 될 수는 없는 것입니다. 동방의 박사들이 귀한 예물을 가지고 옴을 통해서 우리는 감사함으로 주님 앞에 나아가는 자가 되어야 함을 배웁니다. 주머니가 회개하지 않으면 진정한 회개라 할 수 없는 것입니다. 네 재물이 있는 그 곳에 네 마음도 있다고 하였습니다. 우리는 감사함으로 주님 앞에 나아가고 우리의 모든 것을 주님께 향할 수 있는 그러한 자가 되어야 할 것입니다.

동방의 박사들이 예물을 가지고 왔다면 목자들은 가난하였으며 뿐만 아니라 밤에 소식을 들어 아무것도 준비한 것 없이 주님 앞에 나아왔습니다. 그러나 동방박사들을 은혜로 부르신 하나님께서는 목자들 또한 은혜로 부르셨기에 비록 빈 손이지만 주님 앞에 나아갈 수 있었습니다. 우리는 있는 그대로의 모습으로 주님 앞에 나아가야 할 것입니다. 하나님 앞에 우리 자신을 꾸며서는 안될 것입니다. 하나님께서는 우리의 있는 그대로의 모습을 받으시기를 기뻐하십니다. 우리 주님은 결코 책망하시지 않으실 것입니다. 오히려 더욱 기뻐하실 것입니다. 우리는 동방의 박사들과 같이 '감사함으로' 주님 앞에 나아가며 목자들과 같이 '즉시' 주님 앞에 나아가야 할 것입니다.

특별히 하나님께서는 동방박사들의 방문보다는 목자들의 방문을 먼저 허락하셨습니다. 이것이 바로 하나님의 뜻입니다. 이렇게 함으로 말미암아 모든 이들로 겸손하게 하시며, 자랑할 것이 없게 하시는 것이 바로 하나님의 섭리이며 또한 하나님의 뜻입니다.

01 동방박사들의 방문과 목자들의 방문을 비교하여 봅시다.
     (거리에 관하여)

02 동방박사들의 방문과 목자들의 방문을 비교하여 봅시다.
     (학식에 관하여)

03 동방박사들의 방문과 목자들의 방문을 비교하여 봅시다.
     (예물에 관하여)

되새김

동방박사와 목자들의 방문은 복음의 특징을 상호 보완적으로 전하여 주십니다.
어느 한편의 특징이 아닌 복음의 양면적인 특징을 알게 하는 것입니다.

PART

10

목자들의 방문 3
2장8~21절

Key Point

목자들의 방문을 통한 복음의 제시를 본 교재는 크게 4가지로 나누어 설명합니다. 목자
들, 천사들의 소식, 표적, 목자들의 방문입니다. 이번 과는 세 번째로 표적을 통해서 복
음을 제시합니다.

본문 이해

목자들의 방문은 여러 가지 메시지를 담고 있습니다. 목자들 자신들을 통하여, 천사들이 전한 복음의 특징에 관하여, 동박 박사와 목자들의 방문의 차이점을 통하여 복음에 관하여 알게 하십니다. 이번 과에서는 목자들에게 전하신 표적을 살핍니다.

1. 목자들에게 전하신 표적들을 살펴봅시다(11-12절).
  ① 첫 번째 표적: 베들레헴
천사는 목자들에게 세 가지 표적을 알게 하였습니다. 첫 번째 표적은 다윗의 동네입니다. 다윗의 동네는 곧 베들레헴입니다. 메시야의 탄생에 관하여 예언된 말씀은 베들레헴에서 구주가 나실 것을 이미 예언하신 바가 있습니다. 가장 대표적인 말씀이 바로 미가 5장2절의 말씀입니다.

"베들레헴 에브라다야 너는 유다 족속 중에 작을지라도 이스라엘을 다스릴 자가 네게서 내게로 나올 것이라 그의 근본은 상고에, 영원에 있느니라"(미 5장2절)

예수 그리스도께서 다윗의 족속으로 나심은 곧 예수 그리스도께서 다윗의 자손이라는 것을 의미하는 것이 아니라 만왕의 왕으로서 오심을 예표하시는 것입니다. 그러므로 예로부터 그리스도께서 베들레헴에 나실 것은 모든 사람이 다 알고 있는 사실이었습니다.

동방의 박사들이 별 따라 아기 예수의 나신 곳을 찾아 이를 때에 동방의 박사들은 그저 별을 따라왔으며 그들은 성경에 관하여 깊이 있게 알지 못하였음으로 단지 별을 좇아 행할 수밖에 없었습니다. 별을 따라 예루살렘까지 온 동방의 박사들은 '유대인의 왕으로 나신 이가 어디 계시냐 우리가 동방에서 그의 별을 보고 그에게 경배하러 왔노라'고 하였습니다. 이에 헤롯과 온 예루살렘이 소동하며 헤롯 왕은 모든 대제사장과 서기관들을 모아 그리스도가 어디서 나겠느냐 물었습니다. 이 때에 대제사장들과 서기관들이 인용한 구절이 바로 미가 5장2절의 말씀입니다.

빌립에게 메시야로서 예수님께서 갈릴리 사람이라는 말을 들었을 때에, 나다나엘은 갈릴리에서 어찌 선한 것이 날 수가 있겠느냐고 하였습니다. 갈릴리 사람은 후보에도 들어갈 수 없는 사람이었습니다. 옛 다윗이 처음 사무엘에게 기름 부음을 받았을 때에 그 또한 후보에도 들지 못한 사람이었습니다. 다른 형제들이 아버지 이새의 부름을 받고 다 사무엘 앞에 섰지만 소년 다윗은 후보에도 들지 못하고 양 떼들을 쳐야 했습니다. 그러나 하나님께서는 이새의 말째 아들 다윗에게 기름 부음을 허락하셨으며 베들레헴에서 아이를 낳게 하심으로 말미암아 성경의 예언을 성취하면서도 또한 선한 것이 날 수 없는 갈릴리 사람으로 말미암아 주의 일을 이루셨습니다. 이것은 참으로 하나님의 오묘함이라 아니할 수 없는 것입니다. 이것이 바로 하나님의 뜻입니다.

그리스도의 베들레헴의 탄생은 하나님의 말씀의 성취입니다. 하나님의 약속의 말씀이 성취가 되어서 또한 표적이 되어서 구주가 나실 곳이 바로 다윗의 동네 베들레헴인 것을 알게 하셨으며 바로 오늘 그분이 나심을 목자들에게 알게 하여 주셨습니다.

② 두 번째 표적: 구유

두 번째 목자들에게 주신 표적은 그 아이가 구유에 뉘어 있다는 사실입니다. 참으로 놀랍고 기이한 일이 아닐 수 없습니다. 아이를 구유에 누인다는 것은 이례적인 일입니다. 있을 수 없는 일이며, 또한 생각할 수도, 상상할 수도 없는 일입니다. 이는 사람의 방법이 아닌 것입니다. 하나님께서는 때때로 기이한 일을 행하십니다. 홍해를 가르시며, 바위에서 물이 터지게도 하시며, 하늘에서 만나가 내려오게 하시기도 하십니다. 여리고 성을 돌 때에 무너지게도 하시며, 예수님께서는 물 위에 걷기도 하시며, 물고기 두 마리와 떡 다섯 개로 오천명을 먹이시기도 하셨습니다. 하나님께서는 이처럼 새 일을 행하시며 사람으로 말미암지 않는 하나님께로 말미암은 일들을 행하십니다. 이제 하나님께서는 예수 그리스도의 탄생에 대한 기이함으로 구유에 뉘시게 하셨습니다. 그러므로 이 일이 그리스도 탄생의 표적이 되는 것입니다.

예수님께서 구유에 누이셨다는 것은 참으로 놀라운 일이 아닐 수 없습니다. 우리는 저마다 좀 더 좋은 집에 살기를 바랍니다. 우리는 좀 더 좋은 직장을 가지기를 원합니다 우리는 좀 더 좋은 자동차를 가지기를 원합니다. 더 나아가 우리는 좀 더 좋은 집에 살고 좀 더 좋은 직장을 가지고, 좀 더 좋은 자동차를 가진 사람을 부러워합니다. 우리의 인생의 목표가 되기도 합니다. 그러나 우리는 빌립보서 2장5절 이하의 말씀을 기억하여야 합니다.

"너희 안에 이 마음을 품으라 곧 그리스도 예수의 마음이니"...

우리 주님의 마음은 어떠한 마음입니까? 그는 이 땅에 오시되 궁궐에서 태어나실 수도 있으셨습니다. 왕족이 아니라 왕의 아들로도 태어나실 수도 있었습니다. 그러나 다윗의 혈통이지만 비천한 사람이 되어서 가난한 동네 갈릴리 사람의 아들로 태어났으며 그것도 여행 중에 베들레헴에서 뉘일 곳이 없어 구유에 뉘이셨습니다. 우리는 이 구유를 통해서 예수님께서 얼마나 자신을 낮추셨는지를 볼 수 있습니다.

구유는 구주의 탄생의 바로 두 번째 표적입니다.

③ 세 번째 표적: 강보
세 번째 표적은 바로 강보에 싸이신 것입니다. 아이를 강보에 싸는 것은 당연한 일입니다. 아이가 구유에 누워 있는 일은 이례적인 일이지만

아이를 강보에 싸는 것은 당연한 일입니다. 그런데 강보에 싸인 아기가 표적이 됨에는 그 이유가 있습니다. 유대 여인들은 아이를 낳기 전에 준비하는 출산 용품들이 있는데 예수님 당시의 중요한 출산 용품이 바로 강보입니다. 예비 엄마들은 아이를 갖고 이 강보에 아이의 이름을 새기고 또한 그곳에 하나님의 말씀을 기록하였습니다. 그러므로 비록 구유에 뉘이셨지만 예수님을 싼 강보는 아무 거적때기로 아이를 싼 것이 아님을 알아야 합니다. 비록 긴 여정이었지만 예수님의 어머니 마리아는 아이를 위하여 강보를 준비하였고 그 강보를 가지고 아이의 출산을 준비하였습니다. 그리고 아이가 태어났을 때에 비록 뉘실 곳이 없어 구유에 뉘었지만 아이를 강보로 쌌습니다.

목자들은 구유에 뉘인 아이를 보았으며, 또한 그들은 강보에 싸인 아이를 보았습니다. 그리고 그 강보에는 그들에게 말씀하신 대로 구주라는 이름의 뜻인 예수라는 이름을 목자들은 보았을 것입니다. 구주의 탄생에 대한 예언의 말씀을 그 강보에서 보았을 것입니다.

천사는 목자들에게 전하였습니다. 이것이 너희에게 표적이니라...

그리스도의 나심의 세 가지 표적은 바로 예언된 말씀을 따라 베들레헴이었으며, 전혀 생각하지도, 상상할 수도 없는 바로 구유에 뉘우심이었으며, 그들의 눈으로 본 바 강보가 되었습니다.

2. 천군 천사들의 찬송을 살펴봅시다(13-14절).

누가복음의 5번의 노래 중에 네 번째 노래는 홀연히 수많은 천군이 천사들과 함께 한 찬송입니다.

"지극히 높은 곳에서는 하나님께 영광이요 땅에서는 하나님이 기뻐하신 사람들 중에 평화로다"(14절)

묵상

01   첫 번째 표적과 그 교훈에 관하여 나누어 봅시다(베들레헴).

02   두 번째 표적과 그 교훈에 관하여 나누어 봅시다(구유).

03   세 번째 표적과 그 교훈에 관하여 나누어 봅시다(강보).

되새김

목자들에게 전하신 소식 가운데 나타나는 세 가지 표적은 다윗의 동네인 베들레헴과 구유와 강보입니다. 표적은 단순한 징표가 아닌 메시지를 담고 있습니다. 이 세 가지 표적은 예수 그리스도께서 바로 만왕의 왕이시며, 겸손의 왕이시며, 구주가 되심을 전합니다.

PART

11

목자들의 방문 4
2장8~21절

Key Point

목들의 방문을 통한 복음의 제시를 본 교재는 크게 4가지로 나누어 설명합니다. 목자들, 천사들의 소식, 표적, 목자들의 방문입니다. 이번 과는 마지막 네 번째로 목자들의 방문을 통해 복음을 제시합니다.

본문 이해

목자들이 초청되었습니다. 많은 사람들 가운데 한 사람이라면 우리들의 주목함을 그리 많이 받지는 않을 것입니다. 그러나 목자들의 초청에 주목할 수밖에 없는 이유는 목자들은 유일한 예수님 탄생의 증인이기 때문입니다. 우리는 마태복음을 통해서 동방의 박사들의 방문을 들을 수 있습니다. 그러나 시기적으로 목자들의 방문이 동방 박사들의 방문보다 먼저 이루어졌으며 더 나아가 동방 박사들의 방문은 예수님께서 탄생하신 그 시간의 방문이 아니었습니다. 동방 박사들의 방문에는 구유에 대한 말씀을 읽을 수 없습니다. 그들은 집에 계신 예수님을 방문하였습니다. 이미 아기는 태어났고 그 시간이 얼마인지는 알 수 없지만 우리가 생각하는 시간 그 이상이 지났을 수도 있습니다.

1. 목자들의 방문을 살펴봅시다(15-17절).

① "서로 말하되"- 복음의 하나됨

목자들이 하나가 되었습니다. 동방 박사들은 그들의 예물이 있기에 그들이 수를 세 명이라고 추정하기도 합니다. 그러나 목자들은 몇 사람인지 우리는 알 수 없습니다. 그러나 중요한 것은 하나가 되어 아기 예수님께 나아간 것입니다. 이들은 복음을 전하는 데에 하나가 되었습니다.

복음은 목자들이 경험한 것보다 더 크고 놀라운 소식입니다. 하나님께서는 이 복음이 얼마나 크고 놀라운 소식인지를 알게 하시기 위하여 천사들을 통한 귀한 경험을 목자들에게 보이셨으나 이러한 크고 놀라운 경험 보다도 더 크고 귀한 것이 바로 복음의 소식입니다. 이제 이 복음은 그 전하는 자들로 하나되게 하십니다.

② "빨리 가서" - 복음의 응답

이 소식에 응답하는 자는 바로 응답하여야 합니다. 천사는 며칠 전에 목자들에게 전하지 않았습니다. 또한 며칠 후에 전한 것도 아닙니다. 천사들은 주님께서 탄생하신 바로 그날에 목자들에게 말씀하셨습니다. 이제 복음을 듣고 이들은 즉시 응답하여야 했습니다. 우리는 복음의 말씀을 듣고 즉시 응답할 수 있어야 하는 것입니다.

③ "전하니" - 복음의 선포

목자들은 복음의 소식에 하나가 되었으며 즉시 응답하였습니다. 그들은 천사가 자기들에게 아기에 대하여 말한 것을 전하였습니다. 복음을 전해 들은 자들은 저 목자들이 행한 바와 같이 전하고 선포하는 자들이 되어야 합니다.

2. 목자들의 방문과 전함의 결과에 관하여 살펴봅시다(18-20절).

천사들이 전한 소식을 듣고 목자들이 아기 예수님의 탄생에 방문하여 천사가 그들에게 아기에 대하여 말한 것을 다 전하였을 때에 그 결과에 관하여 전합니다.

첫째, 듣는 자들입니다. 그들은 다 목자들이 그들에게 말한 것들을 놀랍게 여겼습니다. 이는 복음을 전해 들은 자들의 첫 번째 반응입니다. 복음은 우리들을 놀랍게 여기게 합니다. 하나님의 기이한 일들은 우리들을 놀랍게 합니다.

둘째, 마리아입니다. 마리아는 이 모든 말을 마음에 새기어 생각하였습니다. 이는 마리아뿐만 아니라 복음을 전해 들은 자들의 두 번째 반응이 되어야 합니다. 처음 복음을 전해 들은 자들은 놀랍니다. 그러나 그 놀람으로 머물 것이 아니라 그 복음을 마음에 새기어 생각할 수 있어야 합니다.

셋째, 목자들입니다. 목자들은 자기들에게 이르던 바와 같이 듣고 본 그 모든 것으로 인하여 하나님께 영광을 돌리고 찬송하며 돌아갔습니다. 이는 복음을 전해 들은 자들의 세 번째 반응입니다. 이들은 이 모든 것을 인하여 하나님께 영광을 돌리며 찬송하였습니다.

3. 예수님의 할례 받으심과 예수라 이름지으심을 살펴봅시다(21절).
예수님의 탄생 후에 할례할 팔 일이 될 때에 잉태하기 전에 천사가 일컬은 바대로 그 이름을 예수라 하였습니다.

01 목자들의 방문을 통한 복음의 교훈을 나누어 봅시다.

02 목자들이 예수님의 탄생의 이야기를 전함의 결과에 관하여 살펴봅시다.

03 팔 일의 할례 때에 그 이름을 지음의 교훈에 관하여 나누어 봅시다.

되새김

목자들은 천사들이 전하여준 소식을 가지고 방문하였으며, 복음의 소식을 전하
였으며, 이 일을 통해서 하나님께 영광을 돌리며 찬양하며 돌아갔습니다. 이는
복음을 전해 들은 자의 삶과 같은 것입니다. 복음을 전해 들은 자는 가서 복음을
전할 때에 하나님의 역사를 보게 될 것입니다.

PART

12

시므온과 안나
2장22~40절

Key Point

예수 그리스도에 대한 첫 번째 증언인 목자들의 증언에 이어 이번 과는 예수님에 대한 두 번째 증언을 예루살렘 방문 때에 시므온과 안나를 통해서 다시금 듣게 됩니다.

본문 이해

　누가는 예수님의 탄생 후에 정결예식의 날이 차서 아이를 데리고 예루살렘에 올라온 이야기를 전합니다. 특별히 시므온과 안나와의 만남을 통해서 예수 그리스도가 누구이신가에 대한 증언을 듣게 됩니다.

　예수님의 베들레헴 탄생과 목자들의 방문 후 팔일에 할례를 행하고 정결예식의 날인 40일이 되었을 때에 예루살렘으로 올라오셨으며 순서적으로 이후에 동방 박사들의 베들레헴 방문, 애굽으로의 피신이 있게 된 것으로 여겨집니다.

1. 마리아와 요셉이 정결예식을 위하여 예루살렘에 올라감을 살펴봅시다 (22-24절).

　율법에 의하면 사내 아이를 낳을 경우에는 산모의 정결케 하는 의식으로 40일이 지난 후에 정결의식을 행하였습니다. 예수님은 마리아의 첫 아이로서 율법을 따라 하나님께 드렸습니다.

　'율법에 쓴 바'(23절), '율법에 말씀하신 대로'(24절)의 말씀은 마리아와 요셉이 얼마나 경건한 신앙인이었는가를 잘 보여줍니다.

　특별히 요셉과 마리아가 드린 제물이 산비둘기 한 쌍이나 어린 집비둘기 둘로 제사하려 하였다는 것을 읽을 수 있습니다. 이로 보건대 예수님이 태어나신 가정은 매우 가난했음을 알 수 있습니다. 그들이 살고 있던 땅인 갈릴리는 본래 가난한 동네일 뿐만 아니라 요셉과 마리아는 그 땅의 지주가 아닌 가난한 한 가정이었습니다. 우리는 이러한 가난함에 대한 증거를 그들이 드리고자 하였던 예물 속에서 살펴볼 수 있는 것입니다. 우리는 오늘날 많은 것을 드릴 수 있는 데도 산비둘기 한 쌍, 또는 어린 집비둘기 둘로 드리고자 하는 모습을 살펴볼 수 있습니다. 이것은 하나님 앞에 책망을 받아 마땅할 것입니다. 또한 이것은 참으로 어리석은 것이라 아니할 수 없는 것입니다. 그러나 여기 예수님의 가정의 요셉은 하나님 앞에 의로운 자였고 그들에게 있어 예수님은 너무도 특별한 분이셨습니다. 그러므로 그들이 어떠한 욕심을 가지고 예물을 작게 드렸다는 것은 있을 수 없는 일입니다. 우리는 이러한 예물 속에서 우리 예수님께서 어떻게 낮추어지셨는가를 알 수 있는 것입니다.

2. 시므온에 관하여 소개를 살펴봅시다(25-27절).

여기 시므온을 말씀이 어떻게 설명하는지... 우리는 이러한 영예가 시므온에게 주어졌음을 부러워하여야 합니다. 그리고 성령님이 오늘날 우리들을 향하여 선언하시는 바를 경외함으로 살펴야 할 것입니다.

"예루살렘에 시므온이라 하는 사람이 있으니 이 사람이 의롭고 경건하여 이스라엘의 위로를 기다리는 자라 성령이 그 위에 계시더라"(25절)

우리도 하나님 앞에 의롭고 경건한 자가 되기를 힘써야 할 것입니다. 특별히 이 시므온을 소개하면서 연속적으로 세 절에 걸쳐 그에게 주어진 성령에 관한 말씀을 볼 수 있습니다. 25절, 성령이 그 위에 계셨고 26절, 그는 성령의 지시함을 받았고 27절, 성령의 감동함이 있었습니다. 그는 성령의 사람이었습니다. 우리는 이처럼 성령의 사람이 되어야 합니다. 그가 이스라엘의 위로, 온 인류의 위로를 기다리며 성령의 지시함을 받은 것은 무엇입니까? 그것은 그가 죽기 전에 그리스도를 보겠다는 것입니다.

우리 각자에게 주어진 사명이 있다는 것을 알아야 합니다. 시므온에게 주어진 일은 수많은 사람들을 전도하는 것이 아니라 단순히 그가 그리스도를 보는 것이었습니다. 그것이 그에게 주어진 사명이라면 그것은 그에게 가장 값진 것입니다. 그것이 바로 하나님의 뜻입니다. 우리는 누구도 하나님의 뜻 이상으로 하나님을 기쁘시게 할 수 없다는 것을 알아야 합니다. 우리는 우리들 자신에게 주어진 사명이 무엇인지 깨달아야 합니다. 저 시므온은 단지 예수 그리스도를 보는 것에 사명이 있었지만 우리들은 오늘날 확연히 예수의 모습을 보았을 뿐만 아니라 그 예수를 전하는 사명을 가진 자들임을 알아야 할 것입니다.

보십시오. 여기 시므온이 단지 아기 예수를 안고 감격에 찼다면 우리들은 더욱더 큰 감격에 차야 할 것입니다. 우리는 예수님께서 우리를 위하여 고난을 받으심과 십자가에 달리심과 죽으심과 부활하심과 승천하심을 보았고 다시 오신다는 약속을 가진 자로서 더 큰 봄 속에 더 큰 감격을 가져야 합니다.

3. 시므온이 하나님을 찬송함을 살펴봅시다(28-33절).

시므온은 아기를 안고 하나님을 찬송하였습니다.

"주재여 이제는 말씀하신 대로 종을 평안히 놓아 주시는도다 내 눈이 주의 구원을 보았사오니 이는 만민 앞에 예비하신 것이요 이방을 비추는 빛이요 주의 백성 이스라엘의 영광이니이다"(29-32절)

시므온은 이 예수의 사명에 관하여 우리들에게 전합니다. 1. 예수는 만민 앞에 예비하신 것이요 2. 이방을 비추는 빛이시며 또한 3. 주의 백성 이스라엘의 영광인 것입니다. 한 민족 이스라엘에 국한된 것이 아니라 온 이스라엘을 위한 예비된 그릇이 되신 것입니다. 우리는 참으로 이 예수를 깊이 알아야 할 것입니다. 그리고 우리들이 얼마나 큰 영광 가운데 있는가를 다시 한번 깨달음을 가져야 할 것입니다.

시므온의 말에 아기의 부모는 놀랍게 여겼습니다.

4. 시므온의 축복을 살펴봅시다(34-35절).

시므온은 이 가정을 축복하며 특별히 마리아에게 일러 준 말이 있습니다.

"보라 이는 이스라엘 중 많은 사람을 패하거나 흥하게 하며 비방을 받는 표적되기 위하여 세움을 받았고 또 칼이 네 마음을 찌르듯 하리니 이는 여러 사람의 마음의 생각을 드러내려 함이니라"(34-35절)

예수의 사명은 그 모친 마리아의 마음을 찌를 것입니다. 그의 사명에 아들을 십자가에 내어 주어야 하며 이것을 볼 수밖에 없는 마리아는 육신에 속한 자로서 가지는 가장 큰 고통을 겪게 되는 것입니다.

5. 선지자 안나에 관하여 살펴봅시다(36-40절).

말씀은 또 한 사람에 관해서 전합니다. 그 사람은 안나입니다. 남성인 시므온에 이어 여성인 안나를 소개함은 누가복음의 한 특징입니다.

"또 아셀 지파 바누엘의 딸 안나라 하는 선지자가 있어 나이 매우 늙었더라 그가 결혼한 후 일곱 해 동안 남편과 함께 살다가 과부가 되고 팔십 사세가 되었더라 이 사람이 성전을 떠나지 아니하고 주야로 금식하며 기도함으로 섬기더니"(36-37절)

안나는 사람의 눈에는 단지 한 늙은 과부에 지나지 않을 것입니다. 그러나 성경은 그를 선지자라고 선언하십니다. 우리는 이 땅에 사람들에 의해서 높아진 영예가 아니라 하나님께서 높이시는 바에 거할 수 있어야 할 것입니다.

이 여인은 나이가 매우 많고 또한 늙었던 사람이었습니다. 아마도 볼품없는 한 노파였을 것입니다. 그러나 그녀는 선지자로서 그 어떠한 사람보다도 영적인 권위가 있었던 여인이었습니다. 그는 과부된 지 84년 동안 성전을 떠나지 아니하고 기도하였던 기도의 사람이었습니다. 그의 헌신적인 믿음 생활은 순간순간을 볼 때는 힘겨운 믿음 생활이 아닐 수 없습니다. 그러나 기억하시기 바랍니다. 이 모든 삶의 과정을 하나님께서는 보고 계심을 우리는 잊지 말아야 할 것입니다.

마침 시므온이 축복하고 있을 때에 안나가 나아와서 이 일이 단지 한 늙은이에 의한 것이 아니라 하나님께 의한 것임을 증명합니다. 둘이라는 숫자는 증인의 숫자입니다. 시므온과 안나는 참으로 이 아기 예수가 이스라엘의 구원자로 오심을 모든 사람에게 드러내는 것입니다. 안나는 하나님께 감사하고 예루살렘의 구속됨을 바라는 모든 사람에게 이 아기에 대하여 말하였습니다.

시므온과 안나처럼 우리도 깊이 있는 영적인 생활을 할 수 있는 사람들이 되어야 할 것입니다.

시므온과 안나처럼 우리는 사람의 영예가 아닌 하나님께로 말미암은 영예를 얻을 수 있는 사람들이 되어야 할 것입니다.

시므온과 안나처럼 우리도 예수를 드러내고 높일 수 있는 사람들이

되어야 할 것입니다. 저들이 단지 아이 예수를 높이고 드러냈다면 우리
는 이 보다 더 큰 일을 본 자들로서 예수의 이름을 전하는 사람들이 다
되어야 할 것입니다.

묵상

01 예수님께서 주의 율법을 따라 행하신 일들을 살펴봅시다.

02 시므온과 안나를 통한 교훈을 나누어 봅시다.

03 아기가 자라며 강하여지고 지혜가 충만하며 하나님의 은혜가 그의 위에 있음을 살펴봅시다.

되새김

할례와 정결의식, 시므온과 안나의 예언 등 예수님의 예루살렘 방문은 예수님의 구속 사역을 위하여 율법 아래 있는 자가 되심을 보여주십니다. "때가 차매 하나님이 그 아들을 보내사 여자에게서 나게 하시고 율법 아래에 나게 하신 것은 율법 아래에 있는 자들을 속량하시고 우리로 아들의 명분을 얻게 하려 하심이라"(갈 4:4-5)

PART

13

예수님의 어린 시절
2장41~52절

Key Point

누가복음 1-2장은 예수님의 탄생 예고와 탄생의 말씀입니다. 예수님의 탄생에 관한 말씀 가운데 누가복음은 유일하게 예수님의 어린 시절의 한 일화에 관하여 증언합니다.

본문 이해

누가복음 1-2장은 예수님의 탄생 예고와 탄생에 관한 말씀입니다. 예수님의 탄생에 관한 2장의 말씀은 예수님의 열두 살 때의 어린 시절의 이야기까지 전합니다. 예수님의 탄생에 있어, 구유를 통해서 겸손과 더불어 그분의 제물 되심을 알게 하셨다면 예수님의 어린 시절에 관한 말씀 또한 유월절을 통해서 그분이 참된 유월절 어린양이 되심을 알게 하십니다.

1. 예수님의 부모의 신앙을 살펴봅시다(41-42절).

예수님의 부모의 신앙을 살피며 귀한 교훈을 얻습니다. 예수님의 부모는 해마다 유월절이 되면 예루살렘으로 올라갔습니다.

1) 그들은 삶의 여러 가지 이해관계 속에서 산 것이 아니라 믿음의 스케줄을 따라 살아갔습니다. 믿음의 사람들은 모든 자신의 삶을 신앙의 월력을 따라 살아가는 것입니다. 사람들과의 관계 속에서 살아가는 것이 아니라 철저하게 자신을 믿음에 구속시키고 그 안에서 신앙생활을 하는 것입니다.

2) 예수님의 부모의 경건은 또한 규칙적이라는 면에 있습니다. 그들은 해마다 예루살렘으로 올라갔습니다. 믿음의 삶에는 규칙적인 삶이

있어야 합니다. 불규칙적으로 하나님 앞에 때를 따라 나아가는 것이 아닙니다. 자는 시간이 규칙적이어야 하고, 또한 일어나는 시간이 규칙적이어야 하고 하나님 앞에 나아가는 시간과 삶이 규칙적이어야 합니다. 이러한 삶 속에 그의 영적인 깊이가 더욱 깊어지는 것입니다.

3) 부모들은 자신들의 길에 있어서 예수가 없어졌음을 깨달았습니다. 우리들도 저마다의 인생길을 가면서 예수님이 함께 하신다고 생각합니다. 그러나 우리는 저 부모들이 예수가 없어졌음을 깨달았듯이 예수 없이 오랜 기간 지나왔음을 깨달아야 합니다. 우리는 예수를 찾기 이전에 먼저 그분이 우리와 함께 하신가를 확인할 수 있어야 합니다. 많은 신앙의 사람들이 십자가 없이 신앙생활을 하며 또한 예수 없이 신앙생활을 합니다. 우리는 자식을 잃은 것보다 더 깊은 안타까움을 가지고 예수님을 찾기 위해 힘써야 하는 것입니다.

2. 예수님의 어린 시절의 말씀 속에서 예수님의 죽음과 부활을 예표하심을 살펴봅시다(41-46절).

예수님의 어린 시절의 일화에는 예수님의 죽으심과 부활에 관한 예표가 담겨 있습니다. 특별히 많은 절기들 중에서 유월절이 언급되고 있는 것에 주목해 보아야 합니다. 유월절은 바로 예수님의 사명이 담긴 절기이기 때문입니다. 예수님의 이 땅의 삶은 유월절 절기로 종식됩니다. 그의 삶은 유월절을 위한 삶이었고 그의 부모가 해마다 유월절에 예루살렘에 올라갔을 때에 어린 예수는 자신의 사명을 늘 되새겼을 것입니다.

곧 유월절은 예수님의 죽음에 관한 예표가 되며 그를 잃었다가 다시 사흘 만에 되찾게 됨은 그의 죽음과 부활에 관한 예표가 됩니다.

3. 예수님을 다시 찾게 된 곳은 어디입니까?(46-50절)

그 부모가 아이 예수를 만난 곳은 어디입니까? 그들은 거리에서, 저자 거리에서 예수를 만난 것이 아니라 성전에서 예수를 만났습니다. 우리는 어디에서 예수님을 만나야 하겠습니까? 삶의 현장에서 만날 수도 있을 것입니다. 그러나 오늘 말씀은 우리들을 하나님의 집으로 인도하십니다. 그 부모는 많은 시간들을 성전 아닌 곳에서 헤매고 다녔을 것입니다. 그러나 우리는 어디로 가야 합니까? 하나님의 집으로 가야 합니다. 그곳이 바로 예수님을 만나는 곳입니다. 말씀 속에서, 기도 속에서, 찬송 속에서 은혜 속에서 예수님을 만날 수 있습니다. 우리는 이 곳이 아닌 다른 곳에서 예수를 만나기 위해 힘써서는 안 될 것입니다. 그것은 어리석은 것입니다. 우리 주님께서는 언제나 그곳에 계십니다. 이제 우리는 그곳에서 우리 주님을 찾아야 할 것입니다.

4. 예수님의 순종을 살펴봅시다(51-52절).

말씀은 우리들에게 단지 예수님의 신성만을 전하는 것이 아니라 예수님께서 나사렛에 이르러 그 부모에게 순종하여 받들었다는 말씀으로 그의 삶의 순종과 겸손함을 보여주고 있습니다. 예수님께서는 자신의 때인 공생애가 이르기 전까지 그 부모를 봉양하고 동생들을 돌보며 나사렛에서 보내셨습니다. 아마도 이 기간에 아버지 요셉이 죽은 것으로 여겨지며 예수님은 장자로서 어머니 마리아를 봉양하고 그 동생들을 돌보았을 것입니다.

묵상

01 예수님 부모의 신앙에 관하여 나누어 봅시다.

02 예수님의 죽음과 부활의 예표를 살펴봅시다.

03 내게 있어 잃어버린 주님을 다시 찾을 곳은 어디입니까?

되새김

예수님의 어린 시절의 일화는 예수님의 죽음과 부활의 예표를 담고 있습니다. 믿음의 사람들은 자신의 길에서 잃어버린 주님을 깨달아야 할 것이며 또한 주님을 되찾아야 할 것입니다. 주님은 항상 있어야 할 곳에 계십니다. 문제는 내가 그곳을 잊고 살아온 것입니다.

PART

14

광야에 외치는 자의 소리
3장 1~6절

Key Point

1장에서 세례 요한의 출생 예고와 출생에 관하여 전하였다면 3장에서는 세례 요한의 사역에 관하여 전합니다. 세례 요한의 사역은 예수님의 공생애를 위한 첫 번째 준비가 됩니다.

본문 이해

1-2장이 예수님의 탄생 예고와 탄생에 관한 말씀이라면 3장1-4장13절까지는 공생애 준비에 관한 말씀입니다. 예수님의 탄생과 어린 시절을 지나 이제 본격적인 공생애 사역을 하심에 앞서 세 가지 준비가 있게 됩니다. 첫째는 세례 요한의 사역이며, 둘째는 예수님께서 세례를 받으심이며, 마지막 셋째는 예수님께서 시험을 받으심입니다.

■ 누가복음 3장의 구조적 이해
　　눅 3:1-20: 세례 요한의 사역
　　눅 3:21-22: 세례 받으신 예수님
　　눅 3:23-38: 예수님의 족보

1. 세례 요한 활동의 정치적 종교적 배경을 살펴봅시다(1-2절).
세례 요한의 활동 시기는 26년 경이며, 예수님의 활동 시기는 27년이며 3년의 공생애를 보내시고 A.D. 30년에 십자가에 못 박혀 죽으시고 부활하십니다.

누가는 매우 상세하게 세례 요한의 활동 시기에 관하여 전합니다. 세례 요한의 활동 시기는 디베료 황제가 통치한 때입니다. 가이사 아구스도에 이어 제2대 황제인 디베료 황제는 14년에서 37년까지 다스립니다. 세례 요한의 활동 시기는 디베료 황제 통치 15년 경으로 아구스도와 디베료의 공동통치를 12년부터 잡는다면 디베료 15년은 26년 경이 됩니다.

더욱 상세히, 당시는 본디오 빌라도가 유대의 총독으로 있을 때입니다. 빌라도는 AD 26-36년 동안 다스림으로 그 시작의 시기는 세례 요한과 같습니다.

황제와 총독에 이어 분봉왕들에 대하여 말씀하십니다.

헤롯이 갈릴리의 본봉왕이었습니다. 헤롯은 B.C. 37-A.D. 4년 통치로 예수님의 탄생 시기와 관련된 헤롯 대왕의 아들 헤롯 안디바로 그의 통치는 B.C. 4-A.D. 39년으로 예수님의 전생애에 관련됩니다. 헤롯 안디바의 이복동생 빌립 2세의 통치는 B.C. 4-A.D. 34년 동안 갈릴리 북동 지역인 이두래와 드라고닛의 분봉 왕이었으며 루사니아는 다메섹 서북쪽인 아빌레네의 본봉왕이었습니다.

앞선 정치적인 지도자에 이어 종교적으로는 안나스와 그의 사위 가야바가 대제사장직을 행하였으며 안나스는 A.D. 6-15년, 가야바는 18-36년까지 각각 봉직하였습니다. 이때에 하나님의 말씀이 빈들에서 사가랴의 아들 요한에게 임하였습니다. 로마와 유대의 통치자들과 종교 지도자에 대한 상세한 기록은 이 모든 일들이 역사적인 사실을 바탕하고 있음을 알게 합니다.

2. 세례 요한 활동의 목적을 살펴봅시다(3절).

세례 요한이 요단 강 부근 각처에 와서 죄 사함을 받게 하는 회개의 세례를 전파하였습니다. 그의 사역은 죄 사함을 위한 준비로 회개의 세례를 베풂에 있었습니다.

3. 세례 요한에 관한 예언의 성취를 살펴봅시다(4-6절).

세례 요한의 사역은 이사야 40장3절 이하의 성취입니다.

"외치는 자의 소리여 이르되 너희는 광야에서 여호와의 길을 예비하라 사막에서 우리 하나님의 대로를 평탄하게 하라 골짜기마다 돋우어지며 산마다, 언덕마다 낮아지며 고르지 아니한 곳이 평탄하게 되며 험한 곳이 평지가 될 것이요 여호와의 영광이 나타나고 모든 육체가 그것을 함께 보리라 이는 여호와의 입이 말씀하셨느니라"(사 40:3-5)

이스라엘에 섭리된 하나님의 침묵의 기간이 지난 후에 하나님께서는 한 사자를 정하여 주 예수의 길을 예비케 하셨습니다. 하나님께서는 세례 요한을 세우사 최종적으로 복음에 관하여 공표하게 하셨습니다. 구약의 모든 선지자 중에서 세례 요한이 가장 큰 세례 요한이야 말로 주 예수 그리스도께 가장 가까이 그리고 가장 직접적으로 주 예수 그리스도를 공표하였기 때문입니다. 요한의 사역은 한편으로는 죄 사함을 받게 하는 회개의 세례를 전파하는 것이며 다른 한편으로는 주의 길을 준비함이 됩니다.

묵상

01 세례 요한의 사역 시기에 관하여 살펴봅시다.

02 세례 요한의 회개의 세례에 관하여 나누어 봅시다.

03 세례 요한 사역의 의미에 관하여 나누어 봅시다.

되새김

예수님의 공생애를 위한 첫 번째 준비는 세례 요한의 사역입니다. 세례 요한의 사역은 한편으로 주의 길을 예비하며 다른 한편으로는 하나님의 구원을 위하여 회개의 세례를 전파하였습니다.

PART

15

세례 요한의 사역
3장7~14절

Key Point

세례 요한의 사역은 주를 위한 사역이며 동시에 백성들을 위한 사역이었습니다. 표면적으로는 주의 길을 예비하는 사역이지만 이는 백성들을 위한 회개의 세례를 전파하는 구원의 사역입니다.

세례 요한의 사역은 크게 두 방향으로 나누어집니다. 백성들을 향하여서는 그들에게 회개의 세례를 전파하여 죄 사함을 받게 하고자 함이며 그리스도를 향하여서는 그의 길을 준비하는 것입니다. 그러므로 이번 과에서도 두 방향의 사역과 백성들에게 세례를 베풂과 예수님께 세례를 베풂에 관하여 전합니다.

1. 세례 요한의 회개를 위한 사역을 살펴봅시다(7-14절).

세례 요한은 세례를 받기 위하여 자신에게 오는 무리들을 무조건 환영하지 않았습니다. 오늘날 많은 사람들이 은혜를 받기 위하여 은혜의 자리로 나아갑니다. 그러나 여기 세례 요한의 채찍의 말씀을 귀담아 들어야 할 것입니다. 우리가 그 자리에 나아감이 중요한 것이 아니라 먼저 우리의 마음으로 돌이킴을 받아야 하는 것입니다. 세례 요한은 세례를 받으러 나아오는 무리들을 향하여 오히려 '독사의 자식들아 누가 너희에게 일러 장차 올 진노를 피하라 하더냐'고 하였습니다.

'그러므로 회개에 합당한 열매를 맺고'

세례 요한이 진정한 회개에 관해서 가르치는 바는 회개에 합당한 열매를 맺으라는 것입니다. 지극히 내적인 것은 또한 지극히 외적이기도

119

합니다. 우리는 마음의 깊은 것을 헤아릴 수 없지만 분명한 것은 깊은 내적인 것들은 확연히 보이는 외적인 것으로 또한 나타나게 된다는 것입니다. 우리가 아무리 주 앞에서 내적으로 회개하였다 할지라도 우리의 외적인 삶의 변화와 그 열매가 없다면 회개는 거짓된 것입니다. 진정한 회개란 참으로 어려운 것입니다. 그것은 단지 눈물을 흘림으로 끝나는 것이 아닙니다. 진정한 회개는 회개의 자리에서 일어날 때에 진정한 그 가치를 발하는 것입니다. 하나님께 향하여 회개하였다고 하여도 사람에게 향하여 그 회개의 진실됨을 밝히 보이지 못하는 자는 결국 하나님께 향한 회개조차 멸시함으로 하나님을 멸시하는 자가 되는 것입니다.

"속으로 아브라함이 우리 조상이라 말하지 말라 내가 너희에게 이르노니 하나님이 능히 이 돌들로도 아브라함의 자손이 되게 하시리라"(8절)

요한은 자신에게 나온 무리들에게 속으로 아브라함이 우리 조상이라 말하지 말라고 하였습니다. 그들은 하나님의 선민이며 하나님의 복된 민족이었습니다. 그들은 이방인이 아니라 아브라함의 후손이라는 사실에 대해서 안정감을 가지고 있었습니다. 그러나 요한은 말하기를 '하나님이 이 돌들로도 아브라함의 후손이 되게 하시리라'는 것입니다. 하나님 앞에서는 아브라함의 자손이라는 것 자체는 아무런 의미도 되지 않는 것입니다. 하나님께서는 아브라함의 피가 한 방울도 섞이지 않은 돌들로도 아브라함의 자손이 되게 하시는 것입니다.

무리가 요한에게 물었습니다. '그러면 우리가 무엇을 하리이까?'

요한은 그들이 해야 할 일들을 각자에게 가르쳐 주었습니다. 여기 말씀에는 이 무리들이 네 분류로 나누어지고 있습니다. 첫째, 옷 두 벌 있는 자는 옷 없는 자에게 나눠 줄 것이며 둘째, 먹을 것이 있는 자도 그렇게 할 것이며 셋째, 세리들도 부과된 것 외에는 거두지 말아야 할 것이며 넷째, 군병들은 사람에게서 강탈하지 말며 거짓으로 고발하지 말고 받는 급료를 족한 줄로 알아야 하는 것입니다.

2. 소유에 관한 가르침을 살펴봅시다(11절).

첫째와 둘째는 연결되어 있습니다. 이것은 소유에 대한 문제입니다. 비록 입는 것과 먹는 것을 말하였지만 그것은 비단 입는 것과 먹는 것뿐만 아니라 우리가 사는 집을 비롯하여 인간의 모든 소유에 대한 바른 가르침을 우리들에게 전하는 것입니다. 소유 자체가 죄는 아닐지라도 나눔이 없는 소유는 결코 하나님 앞에 의롭게 나타나지 못할 것입니다. 말씀은 우리들의 소유를 모두 팔아야 할 것을 가르치지 않습니다. 말씀을 혁명적으로 받는 자들은 자신의 목적과 이데올로기를 위하여 말씀을 곡해하는 것입니다. 이들은 결국 말씀을 곡해한 더욱 큰 심판을 받게 될 것입니다. 우리들의 소유를 나누지 않는 것은 결국 우리들의 소유가 하나님으로부터 왔다는 것을 인정하지 않는 것입니다. 만일 우리의 소유가 하나님께로부터 온 것임을 인정한다면 우리는 하나님께서 우리들에게 소유를 주시고 허락하셨을 때의 그 의미를 깨달아야 하는 것입니다. 하나님께서는 우리들을 통해서 베푸시기 위하여 소유를 주셨습니다. 하나님께서는 단지 우리 자신만을 풍성케 하시는 것이 아니라 우리를 주변으로 한 모든 사람들의 삶을 윤택하게 하기 위하여 우리들을 풍성케 하신 것입니다. 말씀은 더욱 가르치기를 "주라 그리하면 너희에게 줄 것이니 곧 후히 되어 누르고 흔들어 넘치도록 하여 너희에게 안겨 주리라"(눅 6:38)고 약속하십니다. 또한 약속의 말씀은 "흩어 구제하여도 더욱 부하게 되는 일이 있나니 과도히 아껴도 가난하게 될 뿐이니라 구제를 좋아하는 자는 풍족하여질 것이요 남을 윤택하게 하는 자는 자기도 윤택하여지리라"(잠 11:24-25)고 말씀하십니다.

3. 세리들에게 주신 가르침을 살펴봅시다(12절).

세리들은 단지 세리라는 계층의 사람들만을 의미하는 것이 아닙니다. 첫째, 둘째를 통해서 우리들의 소유에 대한 바른 사용에 관해서 교훈하였다면 이제 셋째는 다른 사람의 소유에 대한 바른 교훈에 관하여 가르칩니다. 요한은 세리들에게 부과된 것 외에는 거두지 말라고 하였습니다. 이것은 지극히 최소한의 한계에 관하여 보여주고 있는 것입니다. 세리가 정한 세 외에는 거두지 않는 것은 지극히 단순하며 당연한 이야기가 됩니다. 그러나 문제는 이러한 지극히 단순하고 당연한 일들이 우리들의 삶에는 단순하지도 않고 당연하지도 않다는 것입니다. 내가 어떠한 세를 더 거두어들일 수밖에 없는 것은 이 세라고 하는 것이 끝이 보이지 않는 상납 체계가 되어 있기 때문입니다. 이것을 내가 끊는다는 것은 단순히 나 하나의 문제가 아닌 것입니다. 그러나 말씀은 지극히 단순한 자리로 우리들을 이끕니다. 그리고 그 자리에서 위대한 결단을 우리들에게 요구합니다. 그것이 바로 진정한 회개이고 회개의 열매입니다. 하나님께서는 이 회개의 열매가 무엇인지는 우리들의 삶을 통해서 더욱 확연하게 보이실 것입니다.

4. 군인들에게 주신 교훈을 살펴봅시다(14절).

넷째, 군인들에게는 특별하게 세 가지 교훈이 주어지고 있습니다. 첫째, 강탈하지 말고 둘째, 거짓으로 고발하지 말고 셋째, 받는 급료를 족한 줄로 알라는 것입니다. 세 번째 교훈에서도 우리는 말씀이 무리들에게 행하여졌던 것과 같이 일반화할 필요가 있습니다. 특정한 사람 군인들뿐만 아니라 모든 사람에게 가르치시는 말씀의 진리를 깨달아야 합니다. 군인들은 이 땅의 권력을 가진 사람들을 의미하며 다른 사람의 소유와 자신의 소유에 대한 가르침으로 이 두 소유가 어떠한 연결 속에 있나를 우리들에게 가르쳐 줍니다. 우리가 이 땅에 다른 사람에게 어떠한 정하여진 테두리, 그것이 정해진 세금이라는 한계된 상황뿐만 아니라 그 이상의 범주까지 행할 수 있는 권력이 있을 때에 우리는 이러한 군병이 되는 것입니다.

이제 말씀은 이들이 해야 할 것을 가르칩니다. 첫째, 강탈하지 말아야 합니다. 이 땅에 모든 만행에 관하여 사람이 제어할 수 없다 할지라도 하나님께서는 보고 계시며, 반드시 보응하신다는 것을 잊어서는 안 될 것입니다. 그러므로 우리는 결코 하나님 없는 자와 같이 행할 수 없음을 알고 우리가 대하는 모든 사람들에게 강포하지 않도록 주의하여야 합니다. 강탈은 어떠한 사람들에게 박하게 대할 뿐만 아니라 남의 소유를 빼앗는 것을 의미합니다. 때때로 세상의 법이 그것을 용인하는 경우도 있을 것입니다. 그러나 우리는 이 세상의 법이 설사 인정한다 할지라도 그것이 하나님 나라의 사랑의 법에 어긋날 때에 사람으로서는 판단 받을 수 없다 할지라도 하나님의 판단을 벗어날 수 없음을 알아야 합니다. 회개의 합당한 열매는 이러한 강탈하지 않는 일로부터 시작합니다.

둘째, 거짓으로 고발하지 않는 것입니다. 이 땅에 법은 있는 자들을 위한 것입니다. 결국 돈이 없으면 변호사를 살 수 없으며 이 땅의 모든 힘은 돈 있는 자들을 위하여 이루어지게 됩니다. 그러나 하나님께서는 결코 강탈하는 자뿐만 아니라 자신의 유익을 위하여, 자신의 어떠한 목적을 위하여 거짓으로 고발하여 이익을 추구하는 자를 방관하지 않으신다는 것을 알아야 합니다.

셋째, 받는 급료를 족할 줄로 아는 것입니다. 말씀은 강탈에서 거짓 고발에서 이제는 더욱 우리의 내면적인 문제로 나아갑니다. 결국 반대로 이야기해서 받는 급료를 족한 줄로 여기지 못하는 마음이 결국 거짓으로 고발하게 되며 또한 강탈케 되는 이유가, 근원이 되는 것입니다. 우리는 우리에게 주어진 것들을 향하여 자족하는 마음으로부터 그것이 바로 회개의 열매라는 것을 알아야 합니다.

묵 상

01 회개에 합당한 열매에 관하여 나누어 봅시다.

02 돌들로도 아브라함의 자손이 되게 하시는 하나님의 능력이 주시는 교훈에
    관하여 나누어 봅시다.

03 회개에 관하여 각 계층에게 주신 말씀들에 관하여 나누어 봅시다.

되새김

돌들로도 아브라함의 자손이 되게 하심은 결코 아브라함의 자손이 됨이 자랑이
되지 않음을 뜻하시는 것입니다. 요한의 세례는 물의 세례이며 회개의 세례였습
니다. 하나님의 은혜는 회개 없이 주어지지 않습니다. 하나님께서 요구하시는 것
은 무엇을 행하는 것이 아닌 진정한 회개에 이르는 것입니다.

PART

16

세례를 받으신 예수님
3장 15~22절
(마 3:13-17, 막1:9-11)

Key Point

회개의 세례를 전파한 세례 요한은 이번 과를 통해서 요한의 세례와 다른 예수님의 세례
와 세례 받으심을 전합니다. 우리의 죄를 위하여 친히 세례를 받으신 예수님께서는 또한
성령과 불의 세례를 베푸실 것입니다.

본문 이해

　세례 요한의 사역은 크게 두 방향으로 나누어집니다. 백성들을 향하여서는 그들에게 회개의 세례를 전파하여 죄 사함을 받게 하고자 함이며 그리스도를 향하여서는 그의 길을 준비하는 것입니다. 이전 과에서는 백성들에게 세례를 베풂에 있어서 회개의 합당한 열매를 맺을 것을 요구하였으며 이제 이번 과에서는 세례 요한과 그리스도와의 관계 및 예수 그리스도께 세례를 베풂에 관하여 전합니다.

　누가복음에서 예수님께서 세례를 받으심은 매우 중요한 사건입니다. 사도행전에서 오순절에 성령의 강림하심으로 말미암아 교회가 세워졌다면 누가복음에서는 예수님의 사역의 시작이 바로 세례를 받으실 때에 성령의 강림으로 이루어지기 때문입니다.

　또한 예수님의 세례 받으심은 구유, 유월절에 이어 계속적으로 예수 그리스도의 대속의 사역을 말씀하십니다.

1. 백성들의 세례 요한에 관한 생각을 살펴봅시다(15-17절).
　백성들이 바라고 기다리므로 모든 사람이 요한을 혹 그리스도신가 심중에 생각하였습니다. 이는 얼마나 요한에 대한 인기가 대단하였는가를 잘 보여 줍니다. 이에 요한은 모든 사람에게 대답하기를

"나는 물로 너희에게 세례를 베풀거니와 나보다 능력이 많으신 이가 오시나니 나는 그의 신발끈을 풀기도 감당하지 못하겠노라 그는 성령과 불로 너희에게 세례를 베푸실 것이요 손에 키를 들고 자기의 타작 마당을 정하게 하사 알곡은 모아 곳간에 들이고 쭉정이는 꺼지지 않는 불에 태우시리라"(16-17절)

2. 요한이 옥에 갇힘을 살펴봅시다(18-20절).

요한의 죄 사함을 위한 회개의 세례는 달콤한 말씀은 아니었지만 그리스도를 향한 말씀은 '좋은 소식'이었습니다. 세례 요한은 그밖에 여러 가지로 권하여 백성에게 좋은 소식을 전하였으나 분봉 왕 헤롯은 그의 동생의 아내 헤로디아의 일과 또 자기가 행한 모든 악한 일로 말미암아 요한에게 책망을 받고 그 위에 한 가지 악을 더하여 요한을 옥에 가두었습니다.

3. 예수님께서 세례를 받으심을 살펴봅시다(21-22절).

백성이 다 세례를 받을 때 예수님도 세례를 받으셨습니다. 특별히 예수님께서 세례를 받으실 때에 기도하셨으며 기도하실 때에 하늘이 열리며 성령이 비둘기 같은 형체로 그의 위에 강림하셨습니다. 이에 하늘로부터 소리가 나기를 "너는 내 사랑하는 아들이라 내가 너를 기뻐하노라"(22절) 하셨습니다.

누가복음은 '기도'와 '성령'에 관한 특별한 강조하심이 있습니다. 특별히 예수님께서 친히 기도하시는 모습들을 보여주시는데 그 첫 번째 말씀이 '세례를 받으시는 예수님'의 모습 속에서 찾아볼 수 있습니다. 세례를 받으신 사건은 마태복음과 마가복음에서도 나오지만 이와 같이 기도하시는 모습을 전하지는 않으며(마 3:13-17, 막 1:9-11) 이는 특별한 누가복음의 강조점이 됩니다. 예수님께서 기도하실 때에 나타난 결과는 하늘이 열리며, 성령이 비둘기 같은 형체로 그의 위에 강림하시며, 하늘로부터 하나님의 음성이 들려온 것입니다.

묵상

01 요한의 세례와 예수님의 세례에 관하여 비교하여 봅시다.

02 세례 요한이 옥에 갇힘이 주는 의미에 관하여 나누어 봅시다.

03 예수님께서 기도하심에 관하여 나누어 봅시다.

되새김

죄인이 회개를 위하여 세례를 받는 일은 당연한 일이지만 예수님께서 세례를 받으심은 참으로 놀라운 일입니다. 예수님께서 세례를 받으심은 그의 죄가 아닌 우리의 죄를 대속하심의 사역을 위한 것입니다. 더 나아가 하나님께서는 우리의 죄를 사하실 뿐만 아니라 성령의 선물을 허락하실 것입니다.

PART

17

예수님의 족보
3장23~38절
(마 1:1-17)

Key Point

예수님의 공생애를 준비하는 세 사역으로 세례 요한의 사역과 예수님의 세례 받으심에 이어 예수님께서 시험 받으심의 말씀 전에 예수님의 족보를 전합니다. 이 족보는 예수 그리스도께서 만민의 구세주가 되심을 알게 하십니다.

본문 이해

아브라함과 다윗의 자손 예수 그리스도에 관한 마태복음과 달리 누가복음은 온 인류의 구세주이신 예수 그리스도를 전합니다. 그러므로 족보에 관한 말씀에 있어서도 아브라함으로부터 시작하는 족보가 아닌 요셉으로부터 시작하여 아담과 하나님에 이르는 족보를 제시합니다. 누가복음의 족보는 우주적이며 온 인류의 구세주 되심의 증거가 됩니다.

1. 예수님께서 30세쯤 공생애를 시작하심을 살펴봅시다(23절).

누가복음은 예수님께서 공생애를 시작하신 대략적인 나이를 전합니다. '예수님께서 가르치심을 시작하실 때에'라는 문구에서 원문은 '가르치심'에 해당되는 '디다케'가 없습니다. 곧 예수님께서 그의 공생애를 시작하심이 30세쯤이시며 조금 넓게 말하면, 가르치심을 포함하여 그의 치유와 선포의 모든 사역의 시작을 의미합니다.

이처럼 예수님께서는 30세쯤에 공생애를 시작하심은 레위인들이 30세가 되어 성막의 일을 하는 유대 전통의 따름과 30세에 애굽의 총리가 된 요셉과 동일하게 30세에 유대의 왕이 되었던 다윗의 성취가 바로 예수 그리스도를 통해서 이루어짐을 보이시는 것입니다. 예수님의 공생애는 하나님을 향한 참된 섬김이시며 참된 통치와 다스림의 본이

133

됩니다.

2. 누가의 족보와 마태의 족보를 비교하여 봅시다.

1. 상향식 족보와 하향식 족보

마태의 족보는 아브라함으로부터 시작하는 하향식 족보인 반면에 누가의 족보는 예수 그리스도로부터 시작하여 하나님께로 이르는 상향식 족보입니다. 유대 공동체에게 전하였던 복음서인 마태복음이 그들의 조상인 아브라함으로부터 민족적 기원을 제시하였다면 이방 그리스도인에게 복음을 전한 누가복음은 아브라함을 넘어 아담과 하나님까지 연결되므로 민족을 넘어 온 인류의 기원을 제시합니다.

마태의 족보가 위에서 아래서 하향식 족보라는 것은 그만큼 족보가 권위적인 것을 의미합니다. 그러나 누가의 족보가 아래로부터 위로 거슬러 올라가는 것은 권위적인 면보다는 보다 우리의 근원이 어디인지 그 뿌리를 찾게 됩니다. 마태의 족보는 위로는 아브라함과 다윗으로부터 시작하여 그 끝에 예수 그리스도가 있었습니다. 신화와 끝도 없는 족보와는 달리 예수 그리스도의 족보는 그 끝이 분명히 있는 족보라고 하였습니다. 그러나 이제 누가의 족보는 위로 거슬러 올라가며 우리의 근원이 어디에 있는지를 살피는 것입니다. 곧 우리의 근원은 하나님이신 것입니다.

2. 둘째 아담과 언약의 성취자

앞선 이러한 차이는 마태복음이 아브라함과 다윗의 자손임을 통해서 아브라함과 다윗 언약의 성취자로 예수 그리스도를 제시하는 반면 누가복음은 온 인류의 불순종과 타락에서 그들을 구원하실 둘째 아담으로 제시됩니다. 예수 그리스도는 온 인류의 구원자가 되십니다.

3. 마리아의 족보와 요셉의 족보

마태의 족보는 요셉의 족보를 중심으로 하지만 누가복음의 족보는 마리아의 족보를 중심으로 합니다. 요셉의 위는 헬리라 하였는데 헬리는 곧 마리아의 아버지이며 요셉의 장인이 됩니다. 예수 그리스도는 여자의 후손으로 이 땅에 오신 것입니다.

4. 비조직적 족보와 조직적 족보

마태의 족보는 매우 조직적이며 14-14-14의 구조로 42명을 제시하는 반면 누가는 조직적이지 않으며 하나님까지 78명이 족보에 등장합니다.

묵상

01 예수님께서 30세쯤에 공생애를 시작하심에 관하여 나누어 봅시다.

02 누가복음의 족보의 메시지에 관하여 나누어 봅시다.

03 마태복음의 족보와 누가복음의 족보를 비교하여 봅시다.

되새김

마태복음은 유대 그리스도인을 1차 대상으로 합니다. 그러나 누가복음은 이방 그리스도인들을 1차 대상으로 합니다. 그러므로 예수 그리스도는 언약의 성취 자일 뿐만 아니라 만민의 구세주가 되시는 것입니다. 누가복음의 족보는 예수 그리스도께서 온 인류의 구세주가 되시는 둘째 아담임을 전합니다.

PART

18

시험 받으신 예수님
4장1~13절
(마 4:1~11, 막 1:12-13)

Key Point

예수님의 공생애를 준비하시는 세 가지 일은 세례 요한의 사역과 예수님의 세례를 받으심과 예수님께서 시험을 받으심입니다. 이번 과는 마지막 준비로서 예수님께서 시험받으심에 관하여 전합니다.

본문 이해

누가복음 1-2장은 예수님의 탄생 예고와 탄생, 3장1-4장13절까지는 공생애 준비에 관한 말씀입니다. 공생애를 준비하는 세 사역으로 세례 요한의 사역과 예수님의 세례 받으심에 이어 이번 과에서는 예수님께서 시험을 받으시고 승리하심으로 공생애를 향한 모든 준비를 마치게 됩니다.

기도와 성령에 관하여 강조하는 누가복음의 특징은 예수님께서 시험을 받으실 때에도 나타납니다. 곧 세례를 받으실 때에 기도하셨으며, 기도하실 때에 성령이 강림하셨다면 시험을 받으실 때에는 성령으로 충만하시고 성령의 이끄심을 받으십니다.

■ 누가복음 4장의 구조적 이해

눅 4:1-13: 시험 받으신 예수님

눅 4:14-15: 갈릴리로 돌아오심

눅 4:16-30: 나사렛에서 배척을 받으심

눅 4:31-37: 가버나움 회당에서 귀신들린 자를 고치심

눅 4:38-39: 베드로의 장모의 병을 고치심

눅 4:40-41: 온갖 병자들을 고치심

눅 4:42-44: 한적한 곳에 가신 예수님

1. 예수님께서 성령의 충만하심을 살펴봅시다(1절).

예수님께서는 성령의 충만함을 입어 요단 강에서 돌아오셔서 광야에서 사십일 동안 성령으로 이끌리셨습니다.

시험 받으시는 예수님에 관하여 누가복음이 가장 먼저 보여주는 것은 예수님께서 성령으로 충만하심입니다. 동일한 본문이 되는 마태복음의 말씀에도 예수님께서 성령으로 이끌림에 관하여 말씀하시지만, 누가복음은 성령에 관하여 두 번이나 말씀하시며, 먼저 성령의 충만함을 입으시고 다음으로 성령에게 이끌리심에 관하여 증거합니다. 더 나아가 누가복음은 예수님께서 단지 성령에 이끌리시어 광야로 가신 것이 아니라 40일 동안 성령에게 이끌리셨음을 통해서 장소가 아닌 시간에 대한 강조점을 둡니다. 이는 한순간만 예수님께서 이끌리신 것이 아니라 계속적인 이끌리심을 강조하는 것입니다. 성령행전이라고도 하는 사도행전의 저자가 되는 누가는 예수님께서 시험 받으심에 대해서 성령에 대한 깊은 관심을 가지고 우리들에게 전합니다.

2. 첫 번째 시험에 관하여 살펴봅시다(2-4절).

예수님께서 세 가지 시험을 받으심은 마태복과 누가복음이 동일하게 전하나 그 순서와 강조점에 있어서 다릅니다. 마가복음은 단지 예수님께서 시험받으심만을 언급할뿐 구체적인 내용이 없습니다. 이는 각 복음서가 가진 특징을 잘 보여줍니다.

세 가지 시험 중에 첫 번째 시험은 마태복음과 누가복음이 동일하나

누가복음은 단지 '기록된 바 사람이 떡으로만 살 것이 아니라 하였느니라' 하심으로 '말씀'에 대한 강조보다는 시험에 든 삶이 무엇인지에 관하여 더 강조합니다. '어떻게 살아야 하는지' 보다는 '어떻게 살아서는 안되는지'에 관하여 강조하십니다.

"사람이 떡으로만 살 것이 아니라 하였느니라"(4절)

3. 두 번째 시험에 관하여 살펴봅시다(5-8절).

일반적으로 마태복음과 누가복음에서 시험의 순서의 차이에 관하여 마태복음은 주제별로, 누가복음은 시간적으로 배열하였다고 이야기합니다. 그러나 누가복음 또한 단지 시간적인 배열이 아닌 그 신학과 강조점이 있음을 간과해서는 안될 것입니다. 사실 누가복음은 두 번째 시험에서 마태복음의 세 번째 시험에 나타나지 않는 중요한 내용을 담고 있습니다.

"이르되 이 모든 권위와 그 영광을 내게 네게 주리라 이것은 내게 넘겨 준 것이므로 내가 원하는 자에게 주노라"(6절)

이 권위와 영광은 사람에게 주신 것입니다. 그러나 도둑이며, 강도가 되는 마귀는 인간의 죄됨을 틈타 공중 권세를 잡은 자가 되었습니다(엡 2:2). 이는 시험을 맞는 성도에게 죄에 대한 경각심을 갖게 합니다. 결국 마귀는 시험하는 가운데 도리어 중요한 사실을 드러낸 것입니다. 성도는 시험을 이기는 자가 되어야 하며 자신에게 주어진 명예와 영광과 권위를 빼앗기는 자가 되어서는 안될 것입니다.

두 번째 시험에서 또한 주목할 바는 '천하 만국'입니다. 마태복음의 천하 만국은 '코스모스'임에 반해 누가복음의 천하 만국은 '오이쿠메네'로 이는 일반적이며, 우주적인 세상이 아닌 인간 통치 영역으로서 '세상'을 의미합니다. 곧 이 천하 만국은 온 세상이 아닌 인간의 통치와 다스림이 있는 나라와 권세를 보여주었다는 의미가 됩니다. 두 번째 시험은 첫 번째 시험보다 더 높은 차원입니다. 사람들은 자신이 '주'가 되고자 하는 것입니다. 자신의 다스림 가운데 살아가기를 욕망하는 것입니다. 첫 번째 시험에서 사람들은 말씀을 잃어버리고 단지 떡을 위해서만 살듯이 두 번째 시험에서 사람들은 하나님을 잃어버립니다. 예배를 잃어버립니다. 자신의 주됨으로 살아갑니다.

이에 예수님께서는 "기록된 바 주 너의 하나님께 경배하고 다만 그를 섬기라 하였느니라"(8절)고 말씀하십니다. 믿음의 삶은 주 되신 하나님을 향한 경배와 섬김이 있는 삶입니다.

4. 세 번째 시험에 관하여 살펴봅시다(9-12절).

마귀는 예수님을 이끌고 예루살렘으로 가서 성전 꼭대기에 세웁니다. 그리고 말하기를 "네가 만일 하나님의 아들이어든 여기서 뛰어내리라"(9절) 하였습니다.

누가복음의 세 번째 시험은 마태복음의 두 번째 시험입니다. 마태복음은 앞선 누가의 두 번째 시험에서 절정에 이르나 누가복음에서는 이 세 번째 시험에서 절정에 이릅니다. 사람들은 양식을 위해서 살아갑니다. 더 나아가 자신이 주 됨으로 살아갑니다. 이제 세 번째 시험 가운데 있는 자는 믿음이 있지만 여전히 자신이 주 된 자들입니다. 이들에게는 하나님을 향한 믿음의 모습들이 있습니다. 그러나 믿는 자들은 자신의 믿음을 분별하여야 하는 것입니다. 참되고 진실된 믿음은 믿음의 모양만으로는 합당하지 않습니다. 세 번째 시험 가운데 있는 자는 하나님조차 자신을 위하여 일하시는 분이라고 생각합니다. 믿음의 길은 자기 부인의 길입니다. 하나님께서 나를 섬김이 아닌 내가 하나님을 섬기는 자의 삶을 사는 것입니다. 하나님께서 나를 위하여 일하심이 아닌 내가 하나님을 위하여 일하는 자의 삶을 사는 것입니다.

이제 예수님은 '주 너의 하나님을 시험하지 말라 하였느니라'고 하셨습니다. 어리석은 자는 하나님까지 시험의 대상입니다.

시험은 사람에게 향할 때에 그 삶의 의미와 목적을 잃어버림에 있습니다. 시험에 든다는 것은 단지 죄를 짓는다는 의미만이 아닌 하나님께서 부르신 그 부르심을 잃어버리는 것과 같습니다. 예수님 또한 시험에 들지 않으심은 제자들의 배신과 부인에도 불구하고 그 주어진 십자가를 지심에 있는 것입니다.

다음으로 하나님을 시험한다는 것은 하나님을 믿지 못함에 있는 것입니다. 불신이 곧 하나님을 시험하는 것입니다.

"그가 그 곳 이름을 맛사 또는 므리바라 불렀으니 이는 이스라엘 자손이 다투었음이요 또는 그들이 여호와를 시험하여 이르기를 여호와께서 우리 중에 계신가 안 계신가 하였음이더라"(출 17:7)

5. 마귀가 얼마 동안 떠남을 살펴봅시다(13절).
"마귀가 모든 시험을 다 한 후에 얼마 동안 떠나니라"(13절)

한 두 번 믿음으로 승리하였다고 하여서 방심할 수 없음은 마귀는 지치지 않고 끝까지 우리들을 넘어뜨리고자 하기 때문입니다. 마귀는 예수님을 시험한 후에 잠시 얼마 동안 떠나게 됩니다. 그러나 이는 잠시 후에 다시 시험하게 됨을 알게 하시는 것입니다. 인생은 마지막까지 시험의 연속입니다. 예수님께서는 공생애를 시작하심에 있어서 광야에서 시험을 받으실 뿐만 아니라 십자가 위에서조차 시험을 받으셨습니다. 성도는 근신하며 깨어 모든 시험에 승리하는 자가 되어야 할 것입니다.

묵 상

01   예수님께서 시험 받으신 이야기를 세 복음서를 통해 비교해 봅시다.

02   예수님께서 받으신 세 가지 시험에 관하여 나누어 봅시다.

03   예수님께서 승리하신 원동력은 무엇입니까?

되새김

예수님께서 마귀의 시험에 승리하실 수 있었음은 두 가지로 말미암습니다. 곧
성령 충만과 말씀 충만입니다. 이 두 가지가 다 있어야 합니다. 예수님께서는 성
령으로 충만하셨으며 성령으로 이끌림을 받으셨으며 모든 시험을 말씀으로 승
리하셨습니다.

누가복음 (상)

본론1 – 갈릴리 사역

제2부

제1차 갈릴리 사역
(4:14-6:11)

P A R T

19

나사렛에서 배척을 받으심
4장14~30절
(마 13:53~58, 막 6:1-6)

Key Point

예수님의 탄생 예고와 탄생(1-2장)과 공생애의 준비(3장1-4장13절)를 마치신 예수님의 공생애 사역이 이번 과로부터 시작됩니다. 성령의 강림, 성령의 충만, 성령의 이끌리심에 이어 예수님께서는 성령의 능력으로 갈릴리에 돌아오십니다.

본문 이해

1-2장의 예수님의 탄생 예고와 탄생, 3장1-4장13절의 공생애 준비에 관한 말씀에 이어 4장14-9장50절까지는 예수님의 갈릴리를 중심으로 하신 사역에 관한 말씀입니다. 갈릴리 사역은 예수님께서 제자들을 부르심과 사도로 세우심과 제자 파송을 기점으로 해서 4장14-6장11절까지의 제1차 갈릴리 사역, 6장12-8장까지의 제2차 갈릴리 사역, 9장1-50절의 제3차 갈릴리 사역으로 나누어집니다.

1. 예수님께서 갈릴리에 돌아오심과 회당에서 가르치심을 살펴봅시다(14-15절).

예수님의 주된 사역은 갈릴리를 중심으로 이루어지며 본 구절은 예수님의 사역의 시작을 알립니다. 예수님의 사역이 유대 지역이 아닌 소외된 갈릴리를 중심으로 이루어진 사실은 매우 의미가 깊습니다.

예수님은 성령의 능력으로 갈릴리에 돌아가셨습니다. 그리고 그 소문은 사방에 퍼져갔습니다. 이러한 예수님에 관한 소문(페메)은 37절 소문(에코스)과, 5장15절 소문(로고스)으로 더욱 확장됨을 살펴볼 수 있습니다. 앞서 예수님께서 시험을 받으실 때에 성령으로 충만하셨고 40일 동안 성령에 이끌리셨다면 이제는 성령의 능력으로 갈릴리로 오신 것입니다.

예수님께서는 친히 그 여러 회당에서 가르치심의 사역을 하셨으며 뭇 사람에게 칭송을 받으셨습니다.

2. 예수님께서 나사렛에 이르사 행하심을 살펴봅시다(16-21절).

예수님께서 갈릴리의 여러 회당에서 가르치신 바와 같이 그 자라나신 곳 나사렛에 이르러 안식일에 늘 하시던 대로 회당에 들어가사 성경을 읽으려고 서셨습니다. 베들레헴은 예수님께서 태어나신 곳이지만 나사렛은 예수님께서 자라나신 곳입니다.

놀랍게도 예수님께서 성경을 읽으려고 서실 때에 주신 말씀은 선지자 이사야의 글이었으며 메시야 사역에 관한 말씀입니다. 이는 놀라운 하나님의 섭리라 아니할 수 없습니다.

"주의 성령이 내게 임하셨으니 이는 가난한 자에게 복음을 전하게 하시려고 내게 기름을 부으시고 나를 보내사 포로된 자에게 자유를, 눈 먼 자에게 다시 보게 함을 전파하며 눌린 자를 자유롭게 하고 주의 은혜의 해를 전파하게 하려 하심이라"(18-19절)

예수님께서 책을 덮어 그 맡은 자에게 주시고 앉으시니 회당에 있는 자들이 다 주목하여 보았습니다.

3. 예수님의 말씀에 대한 사람들의 반응을 살펴봅시다(22절).

예수님의 말씀에 사람들의 첫 번째 반응은 놀라움이었습니다. 그들은 예수님의 은혜로운 말씀에 놀랍게 여겼습니다. 그러나 이내 그들의 이러한 태도는 불신과 대적함으로 변질됩니다. 그들은 곧 말하기를 이 사람이 요셉의 아들이 아니냐 하였습니다.

4. 사람들의 불신앙에 대한 예수님의 말씀을 살펴봅시다(23-27절).

나사렛 사람들은 잠시 그 은혜로운 말씀에 놀라워했지만 이내 불신하고 말았습니다. 이미 그들의 마음을 아시는 예수님께서는 그들의 마음을 드러내십니다.

"너희가 반드시 의사야 너 자신을 고치라 하는 속담을 인용하여 내게 말하기를 우리가 들은 바 가버나움에서 행한 일을 네 고향 여기서도 행하라 하리라"(23절)

의사가 다른 사람을 고치기 전에 자신을 고쳐 자신의 능력을 증명하듯이 예수님께서 다른 지역 특별히 가버나움에서 행한 일을 고향에서도 행하여 그의 능력을 증명하라고 하는 것입니다. 그러나 이는 참된 믿음으로 말미암은 것이 아닌 불신앙으로 말미암은 요구였을 뿐입니다.

사람들의 불신앙의 마음을 드러내신 다음에 예수님께서 자신이 고향에서 환영받지 못함에 관하여 말씀하십니다.

"내가 진실로 너희에게 이르노니 선지자가 고향에서는 환영을 받는 자가 없느니라"(24절)

그러나 주님께서는 성경적인 두 가지 이야기를 통해서 나사렛 사람들의 완악함을 드러내십니다. 먼저 엘리야 시대에 하늘이 삼 년 육 개월간 닫히어 온 땅에 큰 흉년이 들었을 때에 이스라엘에 많은 과부가 있었으나 엘리야는 그 중 한 사람에게도 보내심을 받지 않고 오직 시돈 땅에 있는 사렙다의 한 과부에게 보내심을 받습니다. 이는 엘리야를 공궤할 만한 자가 이스라엘 가운데 없었음을 책망함을 통해서 나사렛의 불신앙을 드러냅니다.

또한 선지자 엘리사 때에 이스라엘에 많은 나병환자가 있었으되 그 중의 한 사람도 깨끗함을 얻지 못하고 오직 수리아 사람 나아만이 고침을 받음은 하나님의 은혜의 역사가 이방을 향하게 될 것을 보여주시는 것입니다.

5. 예수님의 말씀에 대한 나사렛 사람들의 대적함을 살펴봅시다(28-30절).

나사렛 사람들은 예수님의 은혜로운 말씀을 듣고 놀랐음에도 불구하고 믿음을 갖지 못하고 도리어 예수님을 요셉의 아들이라 하며 폄하하였습니다. 그들은 도리어 예수님께서 가버나움에서 행한 이적을 보여 스스로 자신을 입증할 것을 요구하였습니다. 이에 예수님께서는 이방인의 믿음과 구원에 관한 말씀을 통해서 그들이 이방인보다 못함을 드러냈을 때에 회당에 있던 자들이 다 크게 화를 내며 일어나 예수님을 동네 밖으로 쫓아내어 그 동네가 건설된 산 낭떠러지까지 끌고 가서 밀쳐 떨어뜨리고자 하였습니다. 그러나 놀랍게도 예수님께서는 그들 가운데로 지나서 그 위기 가운데에서 나오시게 됩니다.

묵상

01   성령의 능력으로 예수님께서 갈릴리에 돌아오심을 나누어 봅시다.

02   예수님께서 나사렛 회당에서 선포한 말씀에 관하여 나누어 봅시다.

03   나사렛 사람들의 배척함에 관하여 나누어 봅시다.

되새김

나사렛에서의 예수님의 사역은 두 가지를 보여주십니다. 첫째, 나사렛 회당에서의 말씀의 선포를 통해서 예수님의 사역이 무엇인지에 관하여 밝히며 둘째, 나사렛 사람들의 배척을 통해서 예수님의 사역이 어떠한 결과를 가지고 올 지를 보여주십니다.

가버나움의 사역
4장31~44절

Key Point

나사렛 회당에서의 선언과 배척에 관한 말씀에 이어 이번 과에서는 예수님의 가버나움의 사역에 관하여 전합니다. 예수님께서 자라신 곳이 나사렛이라면 사역의 중심지는 바로 본 동네라 불리게 되는 가버나움이었습니다.

예수님의 가버나움의 하루에 관한 말씀은 마가복음 1장21-39절의 말씀을 통해서 자세히 살필 수 있습니다. 누가복음은 이 부분을 시몬 베드로의 회심 사건 이전에 기록하며 시몬 베드로를 부르심에 관한 자세한 말씀을 5장에 따로 전합니다.

1. 가버나움 회당에서 귀신 들린 자를 고치심을 살펴봅시다(31-37절).

예수님의 일반적인 갈릴리 사역(14-15절)과 나사렛 사역(16-30절)에 이어 갈릴리의 가버나움 사역에 관하여 전합니다. 이러한 사역의 이동과 더불어 성령의 역사는 더욱 깊어졌습니다. 곧 세례를 받으실 때에 성령이 강림하셨고(3:21-22), 시험을 받으실 때에 성령으로 충만하셨으며 성령으로 이끄심을 받았으며(4:1), 성령의 능력으로 갈릴리에 돌아오셨고(4:14), 말씀에 권위가 있으셨습니다(4:32). 예수님의 말씀에는 칭송이 있었고(4:15), 은혜가 있었고(4:22), 권위가 있었습니다(4:32).

이와 같이 갈릴리의 가버나움 동네에 내려오사 안식일에 가르치실 때에 회당에 더러운 귀신 들린 사람이 있어 크게 소리 질렀습니다.

"아 나사렛 예수여 우리가 당신과 무슨 상관이 있나이까 우리를 멸

하러 왔나이까 나는 당신이 누구인 줄 아노니 하나님의 거룩한 자니이다"(34절)

예수님께서 꾸짖어 이르시기를 "잠잠하고 그 사람에게서 나오라"(35절) 하시니 귀신이 그 사람을 무리 중에 넘어뜨리고 나오나 그 사람은 상하지 않았습니다. 이에 다 놀라 서로 말하여 이르기를 이 어떠한 말씀인고 권위와 능력으로 더러운 귀신을 명하매 나가는도다 하였으며 예수의 소문이 그 근처 사방에 퍼졌습니다.

2. 예수님께서 시몬의 장모의 병을 고치심을 살펴봅시다(38-39절).
앞선 가버나움 회당에서 예수님의 말씀에 권위가 있음을 두 번의 반복적인 말씀을 통해서 보여주었습니다(32, 36절). 계속적으로 예수님의 말씀의 권위는 시몬의 장모의 병을 고치심에 나타납니다. 예수님께서 시몬의 장모 가까이 서서 열병을 꾸짖으실 때에 병이 떠나고 그녀는 곧 일어나 예수님의 일행에게 수종들었습니다.

3. 온갖 병자들을 고치심을 살펴봅시다(40-41절).
31절 이하의 말씀은 가버나움에서 안식일의 한 날을 보여주십니다. 곧 안식일에 회당에서 더러운 귀신을 쫓으셨으며, 시몬의 장모의 열병을 고치셨고 이제 해질 무렵에 사람들이 안식일이 지나므로 온갖 병자들을 데리고 나아올 때에 예수님께서 일일이 그 위에 손을 얹으사 고치셨습니다. 손을 얹고 고치실 때에 여러 사람에게서 귀신들이 나가며 소리 질러 '당신은 하나님의 아들이니이다'라 하였으나 예수님께서는 귀신들의 이러한 고백을 기뻐하시지 않으셨으며 도리어 그들을 꾸짖으사 그들의 말함을 허락하지 않으셨습니다. 그들로 아직 예수님께서 그리스도인임을 드러나게 하지 못하게 하셨습니다.

4. 예수님께서 한적한 곳에 가심을 살펴봅시다(42-44절).

날이 밝을 때에 예수님께서 한적한 곳에 가시니 무리가 찾다가 만나서 자기들에게서 떠나시지 못하게 만류하려 하였으나 예수님께서는 "내가 다른 동네들에서도 하나님의 나라 복음을 전하여야 하리니 나는 이 일을 위해 보내심을 받았노라"(43절) 하시며 갈릴리 여러 회당에서 전도하셨습니다. 곧 누가복음 4장14절-44절의 말씀은 예수님의 갈릴리의 사역을 요약적으로 전하시고 있는 것입니다.

묵상

01 예수님의 가버나움 사역의 교훈에 관하여 나누어 봅시다.

02 예수님께서 한적한 곳에 가심에 관하여 나누어 봅시다.

03 예수님의 사역에 관하여 나누어 봅시다.

되새김

예수님께서는 가버나움 사역을 통해서 본격적인 공생애 사역을 보여주십니다. 이는 회당에서 가르치심이며, 병든 자들을 고치시며, 전도하시며 하나님 나라의 선포이십니다. 이는 가버나움의 하루를 통해서 예수님의 전 생애를 보여주신 것입니다.

PART

21

네가 사람을 취하리라
5장1~11절
(마 4:18~22, 막 1:16-20)

Key Point

예수님께서 제자들을 부르신 본문의 내용은 특별히 베드로를 부르심을 중심으로 해서 기록되어 있습니다. 이 자세한 이야기에서 '은혜', '비움', '채움', '교통'의 중심 메시지가 무엇인지를 이해하게 될 것입니다.

본문 이해

예수님께서 제자들을 부르신 장면을 마태복음과 마가복음에서는 매우 간략하게 전합니다. 대략적으로 그들이 고기를 잡기 위해 그물을 던지고 있었고 주님께서 그들을 부르실 때에 그들은 예수님을 따랐습니다. 예수님의 부르심의 권위를 느낄 수는 있지만 자세한 정황에 관하여 알기 힘듭니다. 그런데 이제 누가복음을 통해서 우리는 이때의 자세한 이야기를 들을 수 있습니다.

■ 누가복음 5장의 구조적 이해

　　눅 5:1-11: 시몬을 부르심

　　눅 5:12-16: 나병환자를 고치심

　　눅 5:17-26: 중풍병자를 고치심

　　눅 5:27-32: 레위를 부르심

　　눅 5:33-39: 금식 논쟁

1. 예수님께서 시몬 베드로에게 찾아오심을 살펴봅시다(1-2절).

베드로는 정말 말씀에 관심이 없었던 사람이었습니다. 그의 관심은 오로지 물고기에 있었습니다. 정말 변화되지 않을 것만 같은 사람이 바로 베드로입니다. 비록 한 마리도 잡지 못하였지만 밤이 새도록 물고기를 잡는 것이 바로 베드로의 열정이었습니다. 아침에 사람들은 예수님의 말씀을 듣기 위하여 몰려왔지만 예수님께서는 베드로가 있는 그곳으로 찾아가 주셨습니다. 이것이 바로 하나님의 은혜입니다. 말씀을 듣기 위하여 나오지 않았던 베드로에게 주님께서 친히 그가 일하는 곳으로 가신 것입니다.

우리는 우리 안에 은혜가 있음을 알아야 합니다. 은혜란 다름 아니라 주님께서 나에게 찾아오신 사건입니다. 이 은혜는 베드로에게만 있었던 것이 아닙니다. 이 은혜는 여리고의 삭개오에게도, 가버나움의 베드로의 장모에게도, 가다라의 귀신 들린 사람에게도 임하였습니다. 하나님을 만난 사람들의 특징은 은혜가 있다는 것입니다. 곧 하나님께서 그들에게 가심으로 이야기가 시작됩니다.

2. 베드로의 배는 어떠한 배였습니까?(3-5절)

하나님의 '은혜'와 더불어 하나님께서 우리들 가운데 행하시는 두 번째 일을 보아야 합니다. 그것은 비우시는 일입니다. 베드로는 밤이 새도록 고기를 잡았지만 그의 배는 비워 있었습니다. 하나님께서는 은혜로 말미암아 주님을 만나는 자들로 그 마음을 비우게 하십니다. 놀랍고 귀한 것은 하나님께서 우리들에게 이처럼 비우시는 이유는 채우시기 위함입니다.

비움은 채움을 위함입니다. 가난하게 하심은 부유하게 하시기 위함이며, 낮아지게 하심은 높이시기 위함이며, 비천하게 하심은 존귀히 여김을 받게 하시기 위함입니다. 무명하게 하심은 유명하게 하시기 위함입니다.

만일 베드로의 배가 물고기로 채워져 있었다면 베드로는 주님의 말씀을 듣지 않았을 것입니다. 그러나 하나님께서는 이처럼 베드로를 채우시기 위하여 그의 배를, 그의 심령을 비우신 것입니다.

3. 예수님께서는 배를 무엇으로 채우셨습니까?(3-7절)

예수님께서는 베드로에게 오셨으며, 상황적으로 그를 비우셨습니다. 이제 주님께서 그에게 행하실 일은 채우시는 일입니다. 무엇으로 그 배를 채우셨습니까?

물고기로 채우셨습니까?

아닙니다. 물고기 이전에 보아야 할 것이 있습니다. 예수님께서는 베드로의 배에서 말씀을 가르치시기를 청하셨습니다. 그의 배에 먼저 채워진 것은 말씀입니다. 물고기로 그 배를 채우시기 전에 먼저 그 배에 말씀으로 채우셨습니다. 베드로의 심령에 말씀을 채우셨습니다.

정말 놀라운 것은 말씀을 들을 때에 베드로에게 믿음이 생기기 시작하였다는 것입니다. 그는 말씀에 관심이 없었던 사람이었습니다. 그러나 말씀을 들을 때에 이제는 믿음이 생기기 시작하였습니다. 그 안에 믿음을 보셨을 때에 주님께서는 이제 베드로에게 청하시기 않으시고 명령하셨습니다.

"깊은 데로 가서 그물을 내려 고기를 잡으라"(4절)

이에 베드로는 약간 당황할 수밖에 없었습니다. 왜냐하면 조금 전까지만 해도 공손하고, 청하신 주님께서 어떠한 권위를 가지고 명령하시기 때문입니다. 이러한 당황스러움 가운데 베드로는 자신의 상황에 대하여 말씀드립니다.

"시몬이 대답하여 이르되 선생님 우리들이 밤이 새도록 수고하였으되 잡은 것이 없지마는 말씀에 의지하여 내가 그물을 내리리이다"(5절)

어떠한 일이 일어났습니까? 고기를 잡은 것이 심히 많아 그물을 찢어졌다고 말씀하십니다. 그물은 찢어졌으며, 잡은 고기는 자신의 배뿐만이 아니라 동료의 배까지 두 배에 가득 채워졌으며 이로 말미암아 배가 잠기게 되었습니다. 주님과 함께 하면 굶지 않을 것 같습니다. 부족함이 없을 것입니다. 그런데 주님께서는 오병이어의 이적을 통해서 사람들을 먹이실 때도, 그리고 이처럼 그물은 찢어지고 두 배에 채우며, 그 배들이 잠기도록 고기를 잡게 하실 때에도 여전히 떡에도, 물고기에도 주님의 관심이 있었던 것은 아닙니다.

4. 시몬 베드로에게 어떠한 변화가 일어났습니까?(8절)

조금 전까지만 해도 선생님이라고 불렀던 그의 고백부터 달라집니다.

"주여, 나를 떠나소서 나는 죄인이로소이다"(8절)

말씀은 믿음을 주시며, 믿음은 순종하게 하며, 순종은 열매를 보게 합니다. 말씀을 경험한 베드로는 변화될 수밖에 없었습니다. 그는 진정한 자신의 모습을 보게 되었습니다. 자신의 죄인됨을 깨닫게 되었습니다.

5. 예수님께서는 주신 비전은 무엇입니까?(9-10절)

이에 주님께서는 이 갈릴리에서 놀라운 비전을 선포하십니다.

"무서워하지 말라 이제 후로는 네가 사람을 취하리라"(10절)

말씀이 없었던 베드로에게 예수님께서는 청하셨습니다(3절). 그러나 말씀으로 가득해진 베드로에게 주님께서는 명하셨습니다(4절). 이제 하나님의 말씀을 경험하고 자신에 대한 참된 고백이 있는 베드로에게 주님께서는 비전을 선포하여 주셨습니다(10절).

6. 예수님을 따르는 제자들의 모습을 살펴봅시다(11절).

제자들은 두 배에 가득 채운 물고기를 얻었지만 그것이 그들의 삶의 목적이 될 수 없었습니다. 밤새 물고기 한 마리와 씨름하였던 그들의 삶은 이제 변화되었습니다. 그들은 이제 새로운 사람의 목적이 생겼습니다. 그들은 예수를 따르는 사람이 되었습니다. 예수를 따름에 '사람을 취하리라'는 비전이 있었던 것입니다.

그들은 배들을 육지에 대고 모든 것을 버려두고 예수님을 따랐습니다. 사랑은 버리는 것입니다. 이전의 사랑을 버리지 못한 자는 새로운 사랑을 결코 할 수 없습니다. 참된 사랑과 진실된 사랑은 이전의 사랑을 버리는 것입니다. 마찬가지로 주님을 따르는 것은 세상의 것을 버리는 것입니다. 버림이 없는 자는 결국 따를 수도 없는 것입니다.

묵상

01   예수님을 만난 은혜에 관하여 나누어 봅시다.

02   내게 주시는 말씀과 순종에 관하여 나누어 봅시다.

03   내 삶의 부르심에 관하여 나누어 봅시다.

되새김

말씀이 없는 자에게 주님께서는 은혜를 주시며 또한 청하십니다. 이는 주님의 초청입니다. 그러나 이제 말씀을 주신 자에게는 말씀의 순종을 명령하시며 말씀을 경험하게 하게 하십니다. 더 나아가 말씀을 경험한 자들에게 주님은 부르심을 선포하십니다. 이는 참되고 귀한 우리들의 삶의 의미요 목적인 것입니다.

PART

22

여러 가지 이적 1
5장12~26절

Key Point

4장에서 예수님의 갈릴리 사역을 전체적으로 요약하며 이전 과에서는 제자들을 부르심
에 관한 말씀을 전하였습니다. 이제 이번 과로부터는 예수님의 치유의 이적을 통해서 예
수 그리스도의 사역과 그분이 누구이신가를 알게 하십니다.

본문 이해

마가복음과 누가복음은 나병환자를 고치심으로부터 안식일에 손 마른 자를 고치심의 말씀까지 동일하게 연속된 말씀으로 전합니다.

	마가복음	누가복음
1. 나병환자를 고치심	막 1:40-45	눅 5:12-16
2. 중풍병자를 고치심	막 2:1-12	눅 5:17-26
3. 레위를 부르심	막 2:13-17	눅 5:27-32
4. 금식 논쟁	막 2:18-22	눅 5:33-39
5. 안식일 논쟁 1: 밀밭 사건	막 2:23-28	눅 6:1-5
6. 안식일 논쟁 2: 손 마른 자를 고치심	막 3:1-6	눅 6:6-11

이적의 사건 중에 나병환자의 고치심이 먼저 언급됨은 이 나병이 단지 육신의 질병으로 가르치심이 아닌 죄에 대한 교훈으로 우리들이 주님으로 말미암아 죄의 씻음을 받아 깨끗하여져야 함을 가르치십니다.

1. 나병환자를 고치심을 살펴봅시다(12-16절, 마 8장1-4절, 막 1장 40-45절).

마태복음은 수많은 무리들 중의 한 사람으로, 마가복음은 나병환자의 행위에 관하여 보다 조명하나 누가복음은 나병환자의 병세에 관하여 특별히 더 전합니다. 그는 '온 몸에 나병 들린 사람'(12절)입니다. 그는 예수님을 보고 엎드려 구하기를 '주여 원하시며 나를 깨끗하게 하실 수 있나이다' 하였습니다. 예수님께서는 손을 내밀어 그에게 대시며 '내가 원하노니 깨끗함을 받으라' 하시고 나병은 곧 떠났습니다.

마가복음과 누가복음은 그에게 경고하시기를 "아무에게도 이르지 말고 가서 제사장에게 네 몸을 보이고 또 네가 깨끗하게 됨으로 인하여 모세가 명한 대로 예물을 드려 그들에게 입증하라"(14절) 하심에 관하여 전합니다. 이와 같이 예수님께서 자신을 전함에 관하여 경고하심은 예수님의 메시야 되심에 대한 잘못된 이해를 우려하심이며, 그를 율법의 정한 대로 행하게 하심으로 공동체의 일원으로 회복케 하심입니다.

누가복음은 그 사람이 나가서 전파하였다는 말은 하지 않으나 예수의 소문이 더욱 퍼지매 수많은 무리가 말씀도 듣고 자기 병도 고침을 받고자 하여 모여 옴에 관하여 전합니다. 이에 예수님께서는 물러가 한적한 곳에서 기도하셨습니다. 이와 같이 사람들이 다만 병의 고침을 받고자 함이 아닌 말씀을 듣고자 함과 예수님께서 한적한 곳에서 기도하심은 우리들로 하여금 말씀과 기도에 집중케 합니다. 예수님께서 이처럼 한적한 곳을 찾으심은 많은 사역에도 불구하고 기도하시는 일을 중요하게 여기심입니다(눅 4:42, 5:16). 특별히 이 한적함은 이전의 사역이 매우 바쁘고 피곤하며 분주하였음과 대조되며 예수님은 기도 시간을 통해서 참된 영혼의 쉼을 찾으셨습니다.

2. 중풍병자를 고치심을 살펴봅시다(17-26절, 마 9장1-8절, 막 2장1-12절).

"하루는 가르치실 때에 갈릴리의 각 마을과 유대와 예루살렘에서 온 바리새인과 율법교사들이 앉았는데 병을 고치는 능력이 예수와 함께 하더라"(17절)

마가복음을 따르면 제1차 갈릴리 사역에 해당되는 예수님의 초기 사역임에도 불구하고 이처럼 갈릴리의 각 마을과 유대와 예루살렘에서 온 바리새인과 율법교사들까지 예수님과 함께 앉았다 함은 예수님의 초기 사역부터 많은 사람들의 관심과 경계의 대상이 되어왔음을 알게 하십니다. 이미 예수님에 관한 이야기는 예루살렘에까지 이르게 된 것입니다. 그러므로 이 자리는 매우 공적인 자리가 되었으며 더 나아가 본문의 선언은 공적인 선언이 됩니다.

나병환자를 고치심에 이어 계속되는 치유는 '중풍병자를 고치심'에 관한 말씀입니다. 누가복음은 이 중풍병자의 병세를 보다 자세히 언급하여 그가 계속적으로 중풍병에 고통을 받고 있음을 알게 하며 특별히 '병을 고치는 주의 능력'이 예수와 함께 하였다고 증거합니다.

그러나 이야기의 메시지는 예수님께서 병을 고치심에 목적이 있는 것이 아니라 그 병을 고치심을 통해서 더 본질적인 가르침을 주시고자 하시는 것입니다. 나병환자를 고치심을 통해서 깨끗게 하심도 바로 우리의 죄를 깨끗게 하심과 같이, 중풍병자를 고치심을 통해서 예수님께 죄 사함의 권세가 있음을 알게 하시는 것입니다. 하나님께서는 우리들의 죄를 깨끗게 하실 뿐만 아니라 죄를 사하여 무기력한 영혼을 회복케 하십니다.

영적인 병은 육적인 병에 비추어 알 수 있을 뿐만 아니라 영적인 병은 육적인 병의 원인이 되기도 합니다. 곧 죄는 병의 원인이 됩니다. 병의 치유를 위해서 예수님 앞에 나아갔던 자들의 이야기는 죄인된 자가 더욱더 간절히 예수님께 나아가야 함을 알게 하십니다.

중풍병자를 침상에 메고 와서 예수님 앞에 들여놓고자 하였으나 무리 때문에 메고 들어갈 길을 얻지 못한 사람들은 지붕에 올라가 기와를 벗기고 병자를 침상째 무리 가운데로 예수님 앞에 달아 내렸습니다. 이들은 믿음의 장애를 만났으나 낙심하지 않고 이를 극복합니다. 이는 믿음입니다. 믿음의 사람들은 예수님이 누구이신가를 알아야 하며 더 나아가 믿음의 장애를 극복하여야 합니다.

예수님께서는 중풍병자를 데리고 온 자들의 믿음의 보시고 '이 사람아 네 죄 사함을 받았느니라'고 하셨습니다. 이에 서기관과 바리새인들이 생각하기를 '이 신성 모독하는 자가 누구냐 오직 하나님 외에 누가 능히 죄를 사하겠느냐'고 하였습니다. 그들의 생각은 틀리지 않았습니다. 예수님은 이 일을 통해서 자신의 신성을 드러내신 것입니다. 중풍병자를 고치신 이야기는 보다 확연하게 예수님께서 자신을 드러내신 이야기입니다. 예수님께서는 그 생각을 아시고 대답하셨습니다.

"너희 마음에 무슨 생각을 하느냐 네 죄 사함을 받았느니라 하는 말과 일어나 걸어가라 하는 말이 어느 것이 쉽겠느냐 그러나 인자가 땅에서 죄를 사하는 권세가 있는 줄 너희로 알게 하리라"(22-24절)

예수님께서는 사람들의 수준에서 말씀하셨습니다. 죄를 사한다는 것이 영적으로 더 어려움에도 불구하고 육적인 사람들의 수준에서 네 죄가 사하여졌느니라는 말보다는 네 상을 가지고 걸어가라는 말이 더 어려운 말이 됩니다. 이제 주님께서는 이 중풍병자의 병을 고치심으로 말미암아, 즉 사람들에게 보이는 더 어려운 일을 행하심으로 말미암아, 진정으로 어려운 죄 사함의 권세를 사람들에게 가르치시고 사람들에게 나타내시고자 하시는 것이 바로 주님의 뜻인 것입니다.

예수님께서는 중풍병자에게 말씀하시기를 '내가 네게 이르노니 일어나 네 침상을 가지고 집으로 가라'고 하셨습니다. 이에 그 사람이 그들 앞에서 곧 일어나 그 누웠던 것을 가지고 하나님께 영광을 돌리며 자기 집으로 돌아갔습니다. 모든 사람이 놀라 하나님께 영광을 돌리며 심히 두려워하여 이르기를 오늘 우리가 놀라운 일을 보았다 하였습니다.

믿음은 우리로 하여금 예수님이 누구이신가를 알게 합니다.

믿음은 장애를 극복합니다.

더 나아가 믿음은 이제 무기력한 삶에서 일어나 하나님께 영광을 돌립니다. 중풍병의 무기력함에서 나음을 같이 영적으로 마비된 자가 죄 사함을 받고 주의 영광을 위하여 섬기며, 쓰임을 받는 것입니다.

묵상

01 병에 관한 누가의 자세한 보고를 나누어 봅시다.

02 말씀과 기도에 관한 교훈의 말씀을 나누어 봅시다.

03 병을 고치는 주의 능력에 관하여 나누어 봅시다(17절).

되새김

두 가지 병인 나병과 중풍병을 고치심은 단순한 육신의 병의 치유가 목적이 아닙니다. 예수님께서는 육신의 가장 연약한 병인 나병을 고치사 그 영혼을 고치시는 분이시며 중풍병자의 죄를 사하사, 죄 사함의 권세가 있음을 알게 하십니다.

여러 가지 이적 2
5장23~39절

Key Point

앞서 나병을 고치시고 중풍병자를 고치심으로 죄 사함의 권세가 있으심을 알게 하신 예수님께서는 세리 레위를 부르십니다. 곧 죄인을 부르사 회개케 하시는 것이 바로 주님의 뜻인 것입니다.

본문 이해

마가복음과 누가복음은 나병환자를 고치심으로부터 안식일에 손 마른 자를 고치심의 말씀까지 동일하게 연속된 말씀으로 전합니다.

	마가복음	누가복음
1. 나병환자를 고치심	막 1:40-45	눅 5:12-16
2. 중풍병자를 고치심	막 2:1-12	눅 5:17-26
3. 레위를 부르심	막 2:13-17	눅 5:27-32
4. 금식 논쟁	막 2:18-22	눅 5:33-39
5. 안식일 논쟁 1: 밀밭 사건	막 2:23-28	눅 6:1-5
6. 안식일 논쟁 2: 손 마른 자를 고치심	막 3:1-6	눅 6:6-11

1. 예수님께서 레위를 부르심을 살펴봅시다(27-32절).

마태복음에서는 마태에 관하여, 마가복음에서는 마태를 레위라 하며, 그 배경이 되는 장소로 바닷가에서 가르치신 후의 일에 관하여 전하나 누가복음은 그가 세리임을 먼저 전합니다. 이는 보다 레위 자신에 관하여 조명합니다. 누가에게 있어서 이제 마태인지 레위인지가 중요하지 않습니다. 그는 세리입니다. 보다 중요한 것은 그의 믿음과 신앙의 변화입니다. 예수님께서 그에게 '나를 따르라' 하시니 그는 '모든 것을 버리고' 일어나 따릅니다.

"그가 모든 것을 버리고 일어나 따르니라"(28절)

그는 주의 부르심에 모든 것을 버렸으며, '예수를 위하여' 자기 집에서 큰 잔치를 하였습니다.

"레위가 예수를 위하여 자기 집에서 큰 잔치를 하니"(29절)

레위의 잔치에 세리와 다른 사람이 많이 함께 앉아 있었습니다. 바리새인과 그들의 서기관들이 그 제자들을 비방하여 너희가 어찌하여 세리와 죄인과 함께 먹고 마시느냐 하였습니다. 이에 예수님께서는

"건강한 자에게는 의사가 쓸 데 없고 병든 자에게라야 쓸 데 있나니 내가 의인을 부르러 온 것이 아니요 죄인을 불러 회개시키러 왔노라"(31-32절)

하셨습니다. 사람들의 정죄는 죄인 됨에 있지만 주께서 행하시는 일은 정죄가 아닌 회개케 하심인 것입니다. 곧 이 레위는 회개한 자이며, 모든 것을 버리고 주를 따르며, 주를 위한 자가 되었습니다.

2. 금식 논쟁에 관하여 살펴봅시다(33-39절).

세리 레위를 부르심의 이야기는 자연스럽게 금식 논쟁으로 이어집니다. 세리와 죄인과 함께 잡수시느냐는 저들의 비난은 멈추어지지도 거두어지지도 않았습니다. 그들은 또 다른 방향으로 논쟁을 이끌고 나아가게 됩니다. 먹음에 대한 문제에서 먹지 않음에 대한 문제가 되었습니다.

"그들이 예수께 말하되 요한의 제자는 자주 금식하며 기도하고 바리새인의 제자들도 또한 그리하되 당신의 제자들은 먹고 마시나이다"(33절)

누가는 비록 이들이 비난하는 내용이라 할지라도 그 안에서조차 '기도'에 관하여 강조합니다. 문제는 금식도, 기도도 아닙니다. 문제는 무엇입니까? 바리새인과 서기관들은 주의 제자들이 먹고 마시기만 할 뿐 금식도 기도도 하지 않는 자들로 폄하합니다. 그러나 예수님께서는 이에 아주 중요한 가르침을 주십니다.

"혼인 집 손님들이 신랑과 함께 있을 때에 너희가 그 손님으로 금식하게 할 수 있느냐 그러나 그 날에 이르러 그들이 신랑을 빼앗기리니 그 날에는 금식할 것이니라"(34-35절)

중요한 것은 그들의 행위가 아닌 그 행위의 목적에 있는 것입니다. 금식과 기도가 중요한 것이 아니라 금식과 기도의 목적이 주님께 향할 것이어야 하는 것입니다. 금식과 기도 자체가 의가 될 수 없는 것입니다.

예수님께서는 추가적으로 세 가지 비유를 주십니다.

첫 번째 비유와 두 번째 비유는 새 옷 비유와 새 포도주 비유로 같은 강조점을 가진 비유입니다.

"새 옷에서 한 조각을 찢어 낡은 옷에 붙이는 자가 없나니 만일 그렇게 하면 새 옷을 찢을 것이요 또 새 옷에서 찢은 조각이 낡은 것에 어울리지 아니하리라"(36절)

"새 포도주를 낡은 가죽 부대에 넣는 자가 없나니 만일 그렇게 하면 새 포도주가 부대가 터져 포도주도 를 터뜨려 포도주가 쏟아지고 부대도 못쓰게 되리라 새 포도주는 새 부대에 넣어야 할 것이니라"(37-38절)

새 옷의 조각은 곧 기운 것이 그 옷을 당김으로 해어지게 만들 것이고 새 포도주는 발효됨으로 말미암아 낡은 가죽 부대를 터지게 할 것입니다. 이것은 우리들에게 무엇을 가르쳐 주시는 말씀입니까? 새 세대, 새 시대에게는 새 정신, 새 가치관, 새 방법, 새 양식이 필요하다는 것을 가르쳐 주시는 것입니다. 복음은 옛 구약으로 이해할 수 있는 것이 아닙니다. 상황에 따라 각기 다른 생활양식이 있다는 정도의 말씀으로 그치는 말씀이 아닙니다. 우리는 이 말씀으로 말미암아 생베 조각과 새 포도주로 비유되는 복음에 관하여 깊이 있게 생각하여야 할 것입니다. 옛 것과 새 것을 비교하고 구분하며 그러한 삶이 어떻게 다른지에 관하여 깊이 있게 생각함이 있어야 할 것입니다. 옛 것은 유대교와 율법을 뜻하며 새 것은 그리스도교와 복음을 뜻합니다. 우리는 유대교와 율법적인 삶과 새 것 되는 그리스도교 복음에 의한 삶을 구분할 수 있어야 합니다. 율법과 복음에 대한 이해는 기독교적인 이해에서 아주 큰 주제에 해당합니다.

율법적인 삶은 무엇을 내가 지키었나 지키지 않았나입니다. 그러나 복음적인 삶에는 그리스도께서 그 중심에 위치합니다. 우리가 지키는 것과 지키지 않는 것조차 결국은 그리스도와의 관계 속에서 이루어지는 것입니다.

세 번째 비유는 두 번째 비유의 연속으로 다음과 같은 말을 마지막에 더하고 있습니다. "묵은 포도주를 마시고 새 것을 원하는 자가 없나니 이는 묵은 것이 좋다 함이니라"(39절) 새 포도주에 대한 깊은 묵상이 아니라 여전히 옛 것을 취하는 자들에 대한 비판과 풍자의 말씀입니다. 그들은 술에 취한 것이 아니라 옛 것에, 자신들에게 익숙한 것에 익숙하여 새 것을 받아들이지 못하는 것입니다.

묵상

01 죄에 대한 예수님의 생각에 관하여 나누어 봅시다.

02 금식 논쟁에 관하여 나누어 봅시다.

03 '새 포도주는 새 부대에'의 교훈을 나누어 봅시다.

되새김

사람들은 죄인을 정죄하지만 하나님께서는 정죄하시지 않으십니다. 이는 죄를 용납하시는 것이 아니라 죄에 대한 다른 결정 때문입니다. 죄를 심판하시는 것이 아닌 대신 죄를 담당하심으로 우리들로 회개케 하시는 것입니다.

24

여러 가지 이적 3
6장1~11절

Key Point

안식일의 두 논쟁인 안식일 밀 이삭 사건과 안식일에 손 마를 자를 고치심은 안식일에 관하여 두 가지를 말씀하십니다. 곧 인자는 안식일의 주인이 되시며 안식일의 주인 되신 인자의 뜻은 선을 행함에 있습니다.

본문 이해

안식일의 두 논쟁인, 제자들이 밀 이삭을 잘라먹은 이야기와 안식일에 손 마른 자를 고치심에 대한 말씀을 마태복음은 분리하여 제자 파송 설교 후에 예수님을 배척하는 본문과 단락 가운데 위치해 있으나 이는 신학적인 가르침을 우선하며 시간적은 순서에 자유로운 마태복음의 특징이며, 제1차 갈릴리 사역의 주요 사건이 되는 나병환자를 고치심으로부터 안식일에 손 마른 자를 고치심의 말씀은 함께 보아야 할 것입니다.

나병환자를 고치심으로부터 안식일에 손 마른 자를 고치심까지의 말씀은 마가복음과 누가복음에서 함께 연속적으로 전합니다. 이는 1차 갈릴리 사역의 주된 내용입니다. 이 모든 사역 다음으로 열두 사도를 택하심에 관한 말씀이 이어집니다.

	마가복음	누가복음
1. 나병환자를 고치심	막 1:40-45	눅 5:12-16
2. 중풍병자를 고치심	막 2:1-12	눅 5:17-26
3. 레위를 부르심	막 2:13-17	눅 5:27-32
4. 금식 논쟁	막 2:18-22	눅 5:33-39
5. 안식일 논쟁 1: 밀밭 사건	막 2:23-28	눅 6:1-5
6. 안식일 논쟁 2: 손 마른 자를 고치심	막 3:1-6	눅 6:6-11

■ 누가복음 6장의 구조적 이해

　　눅 6:1-5: 안식일 논쟁 1: 밀 이삭 사건

　　눅 6:6-11: 안식일 논쟁 2: 손 마른 자를 고치심

　　눅 6:12-16: 열두 제자를 사도로 택하심

　　눅 6:17-19: 평지 설교 서언

　　눅 6:20-49: 평지 설교

1. 첫 번째 안식일 논쟁인 안식일에 밀 이삭을 자름에 관하여 살펴봅시다
(1-5절).

　안식일에 예수님께서 밀밭 사이로 지나가실 때에 제자들이 밀의 이삭
을 잘라먹은 안식일 논쟁에 관한 말씀은 마태복음을 통해서 더욱 자세
히 확장되어 전하며 마가와 누가복음은 단편적인 핵심만을 전합니다.

　"인자는 안식일의 주인이니라"

마태복음은 이 핵심적 메시지에 두 가지 메시지를 더하여 전합니다.

　1. 성전보다 더 큰 이
　2. 나는 자비를 원하고 제사를 원하지 아니하노라
　3. 인자는 안식일의 주인이니라

　"또 안식일에 제사장들이 성전 안에서 안식을 범하여도 죄가 없음을

너희가 율법에서 읽지 못하였느냐 내가 너희에게 이르노니 성전보다 더 큰 이가 여기 있느니라"(마 12:5-6)

"나는 자비를 원하고 제사를 원하지 아니하노라 하신 뜻을 너희가 알았더라면 무죄한 자를 정죄하지 아니하였으리라"(마 12:7)

"인자는 안식일의 주인이니라 하시니라"(마 12:8)

누가복음은 제자들이 이삭을 잘라 손으로 비비어 먹은 정황 자체를 자세히 전합니다.

안식일은 하나님께서 엿새 동안 세상과 만물을 창조하시고 제정하신 일곱째 날입니다. 하나님께서 이 안식일을 제정하셨기에 삼위일체 하나님이신 주님 또한 이 안식일의 주인이 되신 것입니다. 곧 주께서 이 안식일을 제정하셨기 때문입니다.

또한 주께서 이 안식일을 무엇을 금하는 날이 아니라 모든 것을 기념하고 쉼을 주시는 축복의 날이 되게 하셨습니다. 출애굽기에는 이 날의 기념을 하나님의 창조에 두고 있으나 신명기의 말씀을 통해서는 이스라엘의 출애굽을 기념하셨습니다. 오늘날 우리들에게는 이 모든 것의 원형이 되는 하나님의 구원을 기념하며 감사의 날이 된 것입니다. 이처럼 안식일은 쉼의 날이요 기념의 날이요 축복의 날입니다.

구약의 안식일은 이미 신약에 폐하여졌음을 알아야 합니다. 구약의 안식일은 율법이며 이는 지키지 않으면 죄와 심판과 저주가 있게 됩니다. 그러나 신약의 성도들은 이러한 구약적인 의미에서 주일을 지키는 것이 아님을 분명히 하여야 합니다.

"내가 그의 모든 희락과 절기와 월삭과 안식일과 모든 명절을 폐하겠고"(호 2:11)

"그러므로 먹고 마시는 것과 절기나 초하루나 안식일을 이유로 누구든지 너희를 비판하지 못하게 하라 이것들은 장래 일의 그림자이나 몸은 그리스도의 것이니라"(골 2:16-17)

"너희가 날과 달과 절기와 해를 삼가 지키니 내가 너희를 위하여 수고한 것이 헛될까 두려워하노라"(갈 4:10)

구약의 다른 절기가 폐하여짐과 마찬가지로 안식일 또한 폐하여졌습니다. 안식일의 완성은 이제 부활의 날입니다. 우리는 그날을 지키지 못함으로 말미암아 심판의 두려움 속에 있는 것이 아니라 주님의 부활 속에 이미 영생을 소유하게 되는 것입니다. 그러므로 우리가 주일을 지킴은 안식일을 대신한 것이 아니라 감사와 은혜로 지키는 것입니다.

2. 안식일에 손 마른 자를 고치심을 살펴봅시다(6-11절).

첫 번째 안식일 논쟁인 밀 이삭을 잘라먹음에 관한 이야기는 누가복음에서 매우 짧게 전하나 안식일에 손 마른 자를 고치신 두 번째 논쟁은 마태복음과 마가복음에 비해 가장 길게 전합니다. 이는 세 가지를 자세히 전하는데 첫째, 병자에 관하여 자세히 알게 하기를 그의 손 마름은 '오른손 마른 사람'이었다는 것이며(6절), 둘째, 대적하는 사람들에 관하여 자세히 알리기를 대적자들은 '서기관과 바리새인들'이었으며(7절) 예수님에 관하여 자세히 알리기를 예수님께서는 그들의 생각을 아셨다는 것입니다(8절). 이는 안식일에 손 마른 자를 고치심에 주된 메시지 외에 누가복음이 우리들에게 상세히 알리는 바입니다.

앞선 밀 이삭을 자름의 사건이 우발적인 일에 대한 논쟁이었다면 회당에서의 논쟁은 보다 고의적이며, 계획적인 논쟁이 됩니다. 그들은 고발에 대한 의지를 가지고 예수님께 질문하였습니다. 그러나 누가복음은 이들의 질문이 아닌 예수님께서 그들의 생각을 아시고 그들에게 말씀하심에 관하여 전합니다. 이처럼 예수님께서 그들의 생각을 아셨다는 누가복음이 우리들에게 전하는 성령의 충만함의 한 증거가 되며 하나님의 권능이 임함을 통해서 나타나는 일들 중의 하나가 됩니다.

예수님께서는 그들에게 물으셨습니다.

"내가 너희에게 묻노니 안식일에 선을 행하는 것과 악을 행하는 것, 생명을 구하는 것과 죽이는 것, 어느 것이 옳으냐"(9절)

앞선 안식일의 교훈에 있어서 안식일의 주인이신 인자를 나타내시며 하나님을 섬김에 무게를 두셨다면 두 번째 안식일의 논쟁에 있어서는 이 안식일이 사람을 괴롭게 하는 날이 아닌 사람을 회복케 하시고 치유하시고, 즐겁게 하시는 날임을 알게 하셨습니다.

그러나 이처럼 하나님의 은혜가 선포될 때에 서기관과 바리새인들은 노기가 가득하였으며 예수님을 어떻게 할까 서로 의논하였습니다.

묵상

01 인자는 안식일의 주인이심을 나누어 봅시다.

02 오른 손 마른 자를 고치심을 통해서 교훈하시는 바를 나누어 봅시다. .

03 1차 갈릴리 사역의 마무리를 살펴봅시다.

되새김

안식일 논쟁의 두 가지 핵심은 안식일의 주인은 누구이시며, 안식일은 어떠한 날
인가입니다. 곧 안식일의 주인은 주님이시며, 그분의 뜻은 안식일에 쉼을 주시
고, 선을 행하며, 생명을 구원함에 있는 것입니다.

누가복음 (상)

본론1 – 갈릴리 사역

제3부

제2차 갈릴리 사역
(6:12-8장)

PART

25

12제자를 택하심
6장12~16절
(마 10:1-4, 막 3:13-19)

Key Point

제자들을 부르심으로 특징되는 제1차 갈릴리 사역에 이어 제자들을 사도로 택하심으로
제2차 갈릴리 사역이 시작됩니다. 성경은 갈릴리 사역을 시간이 아닌 제자들과의 관계
속에서 구별하십니다.

　시몬의 회심과(5:1-11), 나병환자를 고치심으로부터 안식일 논쟁까지의 긴 단락을 마치고(5:12-6:11) 예수님께서 12제자를 택하심의 말씀을 전합니다. 예수님께서 12제자를 택하심은 예수님의 제1차 갈릴리 사역을 마치고 제2차 갈릴리 사역이 시작됨을 나타냅니다. 누가복음 6장12절-8장56절의 말씀은 제2차 갈릴리 사역입니다.

1. 제자들을 택하시기 전에 기도하신 예수님을 살펴봅시다(12절).

　성경에 나타나는 예수님의 기도의 모습 중에 특별한 부분이 바로 예수님께서 12제자들을 택하실 때입니다. 세례를 받으실 때에 기도하셨고 나병환자를 고치고 한적한 곳에서 기도하셨던 주님께서 다시금 기도의 모습을 보여주십니다. 그러나 이전의 기도와 다른 기도의 모습은 밤이 새도록 기도하셨다는 것입니다. 때로는 이른 시간에 기도하셨으며(눅 4:42), 사역을 마치시고 기도하셨던(눅 5:16) 주님께서 이번에는 사도들을 택하시는 귀한 일을 앞두고 밤이 새도록 하나님께 기도하셨습니다.

2. 택하신 12제자들을 살펴봅시다(13-16절).

　누가복음은 12제자들의 이름을 둘씩 짝을 지어 전합니다. 제자들의 이름이 이처럼 처음부터 둘씩 짝지어짐은 특별한 의미가 있습니다. 곧 하나님께서는 처음 우리들을 세울 때부터 홀로 세우시지 않으시고 서로 함께 세워 나아가게 하신 것입니다.

① 베드로라고도 이름을 주신 시몬과 그의 동생 안드레

첫 번째 두 사람은 베드로라고도 이름을 주신 시몬과 그의 동생 안드레입니다. 시몬은 '하나님께서 들으심'이라는 뜻이며, 예수님께서 그에게 새 이름으로 주신 아람어 '게바'는 '반석'이라는 뜻이며, 헬라어로 베드로가 됩니다. 시몬은 그의 육적인 이름이요, 베드로는 새 이름으로 영적인 이름입니다. 마치 야곱이 이스라엘로 부르심을 받은 것처럼 시몬 또한 연약할 때에는 시몬으로 부르심을 받으나 주 안에 거할 때에는 베드로로 부르심을 받습니다. 그러나 특별한 것은 그의 연약함으로 이 모든 것이 함께 있는 시몬 베드로로 부르심을 받고 있습니다. 복음서에서 그는 시몬 베드로로 소개됩니다. 그러나 그의 이름이 다시 나오는 사도행전 1장13절의 명단에서는 시몬이 아닌 베드로라고 증거됩니다. 이는 우리들에게 특별한 메시지가 됩니다.

두 번째 제자의 명단은 안드레라는 이름보다는 시몬의 동생 안드레로 소개됩니다. 그러나 사실 안드레는 예수님의 12제자 중에 가장 먼저 제자로 따르던 사람이었습니다. 곧 첫 번째 제자였으며, 그의 형제 시몬을 예수님께 소개한 사람도 바로 이 안드레입니다. 안드레는 '용감한', '남성다운'의 뜻을 가집니다.

성경 전체적으로 베드로를 주님 앞에 모시고 온 사람, 후에 헬라인을 예수님께로 인도한 사람도, 오병이어를 가진 소년을 예수님께로 인도한 사람도 안드레였습니다. 안드레 그는 분명히 대중적인 사람은 아니었지만 그가 행한 사역은 결코 작지 않은 사역이었습니다. 우리는 안드레와 같이 자신을 낮추고 섬기는 사람이 되어야 합니다. 왜냐하면 이러한 사람을 통해서 하나님께서 비로소 일하실 수 있기 때문입니다.

② 야고보와 요한

두 번째 쌍으로 나온 두 사람은 야고보와 요한입니다. 앞선 시몬 베드로와 안드레의 경우처럼 두 번째 쌍인 야고보와 요한 또한 세베대의 아들로서 형제가 됩니다. 마태복음과 마가복음에서는 이 두 사람이 세베대의 아들임을 밝히 말함에 반해 누가복음은 단지 야고보와 요한이라고만 전합니다. 세베대의 아들 야고보는 12제자 중에서 가장 먼저 순교하였으며 유일하게 요한은 순교하지 않고 살아 복음을 위하여 쓰임을 받았습니다.

③ 빌립과 바돌로매

12명의 제자들의 명단은 둘씩 짝 지워지면서도 또한 크게 세 그룹으로 나누어집니다. 첫 번째 그룹인 베드로 안드레 야고보 요한은 그 순서가 마가복음에서 안드레가 제일 마지막에 나오기는 하지만 제자들의 명단에서 이 4 사람의 이름이 항상 앞섭니다.

이제 두 번째 그룹은 빌립과 바돌로매, 마태와 도마까지입니다.

세 번째 쌍으로 소개된 제자는 빌립과 바돌로매입니다. 빌립은 오병이어 이적에서 매우 현실적인 자로 묘사됩니다. 돌로매의 아들이란 뜻의 '바돌로매'에 관하여서는 요한복음 1장에서 빌립이 나다나엘을 예수님께서 인도하는 장면을 통해 바돌로매와 나다나엘을 동일 인물로 추정하기도 합니다(요 1:43-46).

④ 마태와 도마

네 번째 쌍으로 소개된 제자는 마태와 도마입니다. 마태는 마태복음의 저자로 그는 자신의 이름을 마가복음에서 안드레의 이름이 첫 번째 그룹에서 가장 마지막에 기록된 것처럼 마태복음을 통해서는 가장 마지막에 기록하였고 또한 그가 세리임을 밝힙니다. 그러나 다른 복음서에 마태는 도마와 함께 언급되며 도마보다 앞섭니다.

⑤ 알패오의 아들 야고보와 셀롯이라는 시몬

마지막 세 번째 그룹은 알패오의 아들 야고보와 셀롯이라는 시몬, 야고보의 아들 유다와 가룟 유다입니다.

다섯 번째 쌍은 알패오의 아들 야고보와 셀롯이라는 시몬입니다. 알패오의 아들 야고보는 세베대의 아들 야고보와 구별되며 시몬의 이름은 시몬 베드로와 구별하기 위하여 셀롯이라는 시몬이라 하였습니다.

셀롯은 열심당원으로 이스라엘의 해방 운동에 관여된 자임을 알 수 있습니다. 이는 참으로 다양한 사람들이 예수님의 제자가 됨을 알 수 있게 합니다.

⑥ 야고보의 아들 유다와 예수를 파는 자 될 가룟 유다

마지막 여섯 번째 쌍은 야고보의 아들 유다와 예수를 파는 자가 될 가룟 유다입니다. 야고보의 아들 유다는 다른 이름으로 마태복음에서는 다대오라고 하며 그는 유다서를 기록한 제자로 여겨집니다. 마지막 가룟 유다는 제자들의 명단에서 항상 가장 마지막에 전합니다. 베드로의 이름이 항상 처음이며 그 마지막은 가룟 유다입니다. 그는 예수님을 팔 제자로 가장 불명예스러운 것입니다.

묵상

01 예수님의 기도하심에 관하여 나누어 봅시다.

02 12사도에 관하여 나누어 봅시다.

03 1차 갈릴리 사역과 2차 갈릴리 사역의 특징을 나누어 봅시다.

되새김

1차 갈릴리 사역은 제자들을 부르심에 있으며 예수님께서는 제자들에게 주님이 누구이신가에 관하여 보여주셨습니다. 이제 제2차 갈릴리 사역은 제자들을 사도로 세우심으로 시작합니다. 이는 예수님의 사역의 변화를 보여주실 것입니다. 초점은 예수님의 부르심은 받은 자의 삶에 관하여 조명하여 주실 것입니다.

PART

26

평지 설교 1
6장17~49절

Key Point

누가복음의 평지 설교는 제2차 갈릴리 사역의 시작점에 있습니다. 이는 그의 제자로 부르심을 받고 세움을 받은 자들이 어떠한 삶을 살아야 하는지에 관하여 알게 합니다. 평지 설교의 시작은 네 가지 복과 네 가지 화에 관한 말씀입니다.

제자들을 사도로 세우심으로부터 시작된 제2차 갈릴리 사역이 어떠한 의미가 있는가를 다음의 평지 설교를 통해서 말씀하십니다. 제자들을 부르사 주님이 누구이신가를 알게 하셨다면 이제 그들을 세우사 참된 제자로서의 삶에 관하여 알게 하십니다.

1. 평지 설교에 앞선 서언을 살펴봅시다(17-19절).

12사도들을 택하시고 예수님께서 내려오셔서 평지에 서심은 앞으로 나올 평지 설교의 서언적인 역할을 합니다. 이는 마태복음의 산상수훈과 비교되는 누가복음의 메시지입니다. 많은 무리가 나아옴은 예수님의 말씀도 듣고 병 고침을 받기 위함입니다. 유대 사방과 예루살렘과 두로와 시돈의 해안으로부터 온 많은 백성도 있었습니다. 더러운 귀신에게 고난 받는 자들도 고침을 받았으며 온 무리가 예수님을 만지려고 힘쓰니 이는 능력이 예수님께로부터 나와서 모든 사람을 낫게 하였기 때문입니다.

2. 4가지 복과 4가지 화에 관하여 살펴봅시다(20-26절).

"예수께서 눈을 들어 제자들을 보시고 이르시되"(20절)

예수님께서 보신 눈은 내면을 보는 눈이며, 종말을 보는 눈이며, 신령한 눈입니다. 이 눈은 육의 눈이 아닌 것입니다. 예수님께서 이처럼 참되게 바라보신 바와 같이 우리들 또한 믿음의 눈을 사모하여야 할 것입니다.

마태복음의 산상수훈의 말씀이(5-7장) 팔복의 말씀으로 시작되듯 누가복음의 평지 설교 또한 4가지 복과 4가지 화에 대한 말씀으로 시작합니다. 팔복의 말씀이 8가지 복으로 구성된 반면 누가복음은 8가지를 복만이 아닌 복과 화, 각각 4가지로 구성하였습니다. 팔복의 말씀이 영적인 여정과 성숙에 관하여 보여준다면 누가복음은 복 있는 자와 화가 있는 자의 대조를 보여줍니다.

구성뿐만 아니라 구체적인 내용에 있어서도 상이함이 있습니다. 곧 마태복음은 '심령이' 가난한 자, '의'에 주리고, '애통', '의'를 위하여 박해 등 다소 내면적인 강조가 있음에 반해 누가복음은 이러한 구절을 제외하거나 다른 구절로 대체함으로써 보다 외면적인 뉘앙스를 줍니다. 이는 누가복음의 대상들이 실제적인 가난함과 주림과 목마름과 울음과 핍박 가운데 있었음을 알게 합니다.

이러한 대조는 한 걸음 더 나아가 '지금'(21절)이라는 구절과 '그 날'(23절)을 통하여 현재와 미래를 대조합니다.

이는 한 사람의 영적인 성장만이 아닌 어떠한 믿음의 삶을 살아야 하는지를 대조를 통해서 보여주시는 것입니다.

뿐만 아니라 이러한 대조는 '복'과 '화'를 통해서 이루어집니다. 화는 '부요한 자', '배부른 자', '웃는 자', 모든 사람이 '칭찬'하는 자에 선포됩니다. 그들은 이미 위로를 받았고, 주릴 것이며, 애통하며 울 것이며, 거짓 선지자와 같을 것입니다.

마태복음의 메시지를 통해서 보다 내면적인 성숙에 관하여 알게 하신다면 누가복음은 대조를 통한 결단을 촉구합니다.

선지자들은 어떠한 사람들이었습니까? 인자로 말미암아 사람들이 미워하며, 멀리하며, 욕하고, 그 이름을 악하다 하여 버렸습니다. 그러나 말씀은 도리어 복이 있다고 합니다.

우리는 이 땅에서 수고로움에 대한 대가를 받고 싶어 합니다. 그러나 믿음은 이 땅에서 그 수고의 대가를 바라는 것이 아닙니다. 말씀은 분명하게 말씀하십니다. '그 날에 기뻐하고 뛰놀라 하늘에서 너희 상이 큼이라'(23절)

묵 상

01 누가복음의 평지 설교의 위치에 관하여 나누어 봅시다.

02 마태복음의 산과 누가복음의 평지의 메시지의 차이를 나누어 봅시다.

03 마태복음의 팔복과 누가복음의 네 가지 복과 네 가지 화를 비교하여 봅시다.

되새김

팔복의 말씀은 영적인 여정과 성숙에 관하여 알게 하십니다. 그러나 누가복음의
4가지 복과 4가지 화는 여정과 성숙이 아닌 결단을 촉구하는 말씀입니다. 믿음
의 삶은 선택이며, 결단이며, 방향이 됩니다.

PART

27

평지 설교 2
6장17~49절

Key Point

제2차 갈릴리 사역의 시작의 말씀에 평지 설교가 있음은 특별한 의미가 있습니다. 이번 과에서는 이전 과의 4가지 복과 4가지 화의 말씀에 이어 8가지 믿음의 덕목과 추가적인 4가지 원칙에 관하여 전합니다.

제자들을 사도로 세우심으로부터 시작된 제2차 갈릴리 사역이 어떠한 의미가 있는가를 다음의 평지 설교를 통해서 말씀하십니다. 제자들을 부르사 주님이 누구이신가를 알게 하셨다면 이제 그들을 세우사 참된 제자로서의 삶에 관하여 알게 하십니다. 이전 과에서는 산상수훈의 팔복의 말씀과 달리 4가지 복과 4가지 화를 통해서 결단을 촉구하였습니다. 이제 이번 과에서는 8가지 덕목과 4가지 원칙을 통해서 믿음의 삶에 관하여 가르칩니다.

1. 믿음의 삶의 원리 8가지를 살펴봅시다(27-31절).

믿는 자는 또한 듣는 자가 되어야 합니다. 믿음으로 영생과 구원을 받았지만 계속적으로 듣지 않고는 영적인 성장이 있을 수 없기 때문입니다. 4가지 복과 화에 대한 말씀에 이어서 8가지 실천 원리에 관하여 가르쳐 줍니다.

① 너희 원수를 사랑하며
② 너희를 미워하는 자를 선대하며
③ 너희를 저주하는 자를 위하여 축복하며
④ 너희를 모욕하는 자를 위하여 기도하라
⑤ 너의 이 뺨을 치는 자에게 저 뺨도 돌려대며

⑥ 네 겉옷을 빼앗는 자에게 속옷도 거절하지 말라

⑦ 네게 구하는 자에게 주며

⑧ 네 것을 가져가는 자에게 다시 달라하지 말며

앞선 말씀들의 특징은 반전적인 행위들입니다. 원수를 사랑한다거나 미워하는 자를 선대하는 것은 전혀 예상할 수 없는 판단들입니다. 그러나 말씀은 그러한 사람이 판단의 기준이 아니라 다른 기준을 제시합니다. 곧 우리 자신입니다. 우리 자신이 어떠한 대접을 받고자 하는가 하는 일입니다. 남에게 대접을 받고자 하는 대로 너희도 남을 대접하라. 이는 하나님께서 우리들에게 주시는 삶의 원리입니다.

2. 위와 같은 8가지 덕목을 지켜야 하는 이유는 무엇입니까?(32-34절).

비록 어렵게 느껴지지만 죄인들도 사랑하는 자를 사랑하며, 선대하는 자를 선대하며, 받고자 하여 죄인에게 꾸어줍니다. 그러나 이와 같이 행하는 것에는 칭찬이 있을 수 없습니다.

3. 믿음의 삶의 원리 목표를 살펴봅시다(35-36절).

"오직 너희는 원수를 사랑하고 선대하며 아무것도 바라지 말고 꾸어 주라 그리하면 너희 상이 클 것이요 또 지극히 높으신 이의 아들이 되리니 그는 은혜를 모르는 자와 악한 자에게도 인자하시니라"(35절)

믿음의 삶은 새로운 삶의 의미와 목표를 가집니다. 첫째, 상급을 바라

보는 것입니다. 은혜는 우리들에게 구원의 선물을 주셨지만 이제 은혜는 우리들의 삶을 상급을 받는 자의 삶의 기초를 놓으심과 같은 것입니다. 그러므로 그 날에 상이 큼을 사모하여야 합니다. 둘째, 이와 같이 행함으로 지극히 높으신 이의 아들이 될 것입니다. 하나님 아버지는 은혜를 모르는 자와 악한 자에게도 인자하십니다. 믿음의 사람들은 아버지의 자비로우심 같이 자비로운 자가 되어야 합니다.

4. 추가적인 믿음의 4가지 원리를 살펴봅시다(37-38절).

앞선 8가지 믿음의 삶의 원리와 그 이유와 목적에 이어 추가적으로 4가지 믿음의 삶의 원리에 관하여 가르칩니다.

① 비판하지 말라 그리하며 너희도 비판을 받지 않을 것이요
② 정죄하지 말라 그리하면 너희가 정죄를 받지 않을 것이요
③ 용서하라 그리하면 너희가 용서를 받을 것이요
④ 주라 그리하면 너희에게 줄 것이니 곧 후히 되어 누르고 흔들어 넘치도록 하여 너희에게 안겨 주리라

너희의 헤아리는 그 헤아림으로 너희도 헤아림을 도로 받을 것이니라고 하셨습니다. 처음 8가지 원칙 후에 남에게 대접을 받고자 하는 대로 너희도 남을 대접하라(31절)고 하심과 같이 추가적인 4가지 믿음의 원리 후에도 이와 같이 행하여야 하는 이유와 근거가 되는 구절로 '너희가 헤아리는 그 헤아림으로 너희도 헤아림을 도로 받을 것이니라'고

하였습니다(38절).

묵상

01 8가지 믿음의 덕목에 관하여 나누어 봅시다.

02 8가지 믿음의 덕목의 원리는 무엇입니까?

03 4가지 추가적인 믿음의 원칙에 관하여 나누어 봅시다.

되새김

믿음의 사람이 사랑함은 사랑할 만하기 때문이 아닙니다. 믿음의 사람이 용서함은 용서할 만하기 때문이 아닙니다. 이는 우리 자신이 대접을 받고자 함으로 대접함이며, 하늘의 상을 바라봄이며, 은혜를 모르는 자와 악한 자에게도 인자하신 지극히 높으신 이의 아들이 되기 위함입니다.

PART

28

평지 설교 3
6장17~49절

Key Point

평지 설교에 있어 앞선 과에서는 복과 화, 믿음의 원칙들에 관하여 전하였다면 이번 과는
평지 설교의 마지막 메시지들을 비유들로 말씀하십니다.

평지 설교는 제자들의 삶에 관한 교훈입니다. 4가지 복과 4가지 화로 결단을 촉구함, 12가지의 원칙을 통해서 믿음의 삶을 원리를 제시하였으며 이제 비유의 말씀들을 통하여 이러한 원칙들의 근거와 결론적인 메시지를 전합니다.

1. 앞선 믿음의 4가지 원리를 지지하는 세 가지 비유를 살펴봅시다(39-42절).

37-38절의 '비판하지 말며', '정죄하지 말며', '용서하고', '주라'는 4가지 믿음의 원리를 지지하는 세 가지 비유는 다음과 같습니다.

① 맹인이 맹인을 인도함(39절)
② 제자와 그 선생(40절)
③ 티와 들보(41-42절)

인간은 온전히 비판할 수 없습니다. 왜냐하면 인간은 맹인과 같고 그와 같은 선생을 둔 제자와 같으며 그 자신의 눈에는 들보가 있기 때문입니다. 그러므로 이러한 인간은 스스로 비판하고 정죄하는데 한계가 있는 것입니다.

오직 사람의 눈을 밝히며, 사람의 참된 선생이 되며, 사람의 눈의 들보를 뺄 수 있게 도와주시는 이는 성령님이십니다. 성령의 인도함이 없는 인생은 인도할 수도, 배울 수도, 깨달을 수도 없습니다. 성령님은 참되게 우리들을 인도하시며, 가르치시며, 우리 자신을 살피고 온전하게 보게 하십니다.

2. 좋은 나무와 못된 나무, 선한 사람과 악한 자를 살펴봅시다(43-45절).

앞선 세 가지 비유가 우리 자신의 부정적인 한계를 보여준다면 다음의 두 가지 비유를 통해서 우리 자신이 어떠한 자인지를 분별하게 합니다. 좋은 나무와 못된 나무는 그 열매를 통하여 알 수 있고, 또한 선한 사람과 악한 자 또한 그 마음에 쌓은 것에서 내는 것을 보면 알 수 있습니다. 못된 열매를 맺는 좋은 나무가 없고 또 좋은 열매 맺는 못된 나무가 없습니다. 선한 사람은 마음에 쌓은 선에서 선을 내고 악한 자는 그 쌓은 악에서 악을 내는 것입니다. 그러므로 인생이 쌓을 선과 좋은 열매는 '비판'과 '정죄'가 아닌 '용서'와 '베풂'입니다(37-38절)

3. 반석 위에 집을 지은 자와 흙 위에 집은 지은 자를 살펴봅시다(46-49절).

평지 설교의 마지막 결론은 주추를 반석 위에 놓은 사람과 주추 없이 흙 위에 집을 지은 사람의 대조입니다. 주추를 반석 위에 놓은 자는 하나님의 말씀을 듣고 행하는 자로 이러한 자는 큰 물이 나서 탁류가 그 집에 부딪치되 잘 지었기 때문에 능히 요동하지 못할 것이나, 듣고 행

하지 아니하는 자는 주추 없이 흙 위에 집 지은 사람과 같아서 탁류가
부딪치매 집이 곧 무너져 파괴됨이 심할 것입니다.

묵상

01 인간의 연약한 한계에 관한 비유의 말씀을 나누어 봅시다.

02 좋은 나무와 선한 사람은 어떠한 사람들입니까?

03 반석 위에 집을 지은 자는 어떠한 사람입니까?

되새김

말씀이 없는 자에게 주님께서는 은혜를 주시며 또한 청하십니다. 이는 주님의 초청입니다. 그러나 이제 말씀을 주신 자에게는 말씀의 순종을 명령하시며 말씀을 경험하게 하게 하십니다. 더 나아가 말씀을 경험한 자들에게 주님은 부르심을 선포하십니다. 이는 참되고 귀한 우리들의 삶의 의미요 목적입니다.

PART

29

백부장의 믿음
7장 1~10절
(마 8:5-13)

Key Point

백부장의 믿음은 주께서 기이히 여기신 놀라운 믿음입니다. 이는 예수님의 평지 설교의
말씀 사역 후에 백부장의 종의 고침을 통한 치유 사역입니다.

본문 이해

　백부장의 믿음의 말씀 전에, 잠시 누가복음의 전체적인 구조를 살피고자 합니다. 예수님의 두 번째 갈릴리 사역은 사도들을 세우심으로 시작하셨습니다. 제2차 갈릴리 사역을 통해서는 예수 그리스도의 '사역'과 '권세'를 보이십니다. 곧 평지 설교가 말씀의 사역이라면 백부장의 종의 치유와 나인 성 과부의 아들을 고치심은 치유의 사역이며, 세례 요한의 질문과 답변, 향유를 부은 여인에게 죄 사함의 선언은 선포의 사역을 나타내십니다. 다음으로 나오는 하나님 나라의 비유 후에 바다의 물결을 잔잔하게 하심으로부터 야이로의 딸을 살리심까지의 말씀은 예수님의 권세를 알게 하십니다.

　누가복음 6장20-49절의 평지 설교의 말씀을 마치시고 예수님께서는 가버나움으로 들어가셨습니다. 평지 설교를 통해 직접적인 말씀으로 가르치셨다면 이제 한 인물의 사랑과 믿음을 통하여 교훈하십니다. 백부장의 믿음은 단지 백부장 한 인물에 대한 이야기가 아닌 평지 설교의 연속으로 살펴보아야 할 것입니다.

　백부장의 믿음에 관한 교훈은 마태복음 8장과 누가복음 7장 두 말씀을 통해서 전해집니다. 특별히 누가복음의 말씀은 백부장의 믿음에 관한 이야기를 보다 자세히 전해주시고 있음을 주목해 보아야 합니다.

217

■ 누가복음 7장의 구조적 이해

　　눅 7:1-10: 백부장의 믿음

　　눅 7:11-17: 나인성 과부의 아들을 살리심

　　눅 7:18-23: 세례 요한의 질문과 예수님의 답변

　　눅 7:24-35: 세례 요한에 대한 예수님의 말씀

　　눅 7:36-39: 향유를 부은 여인

　　눅 7:40-50: 두 빚진 자의 비유

1. 종을 향한 백부장의 마음을 살펴봅시다(2절).

　"어떤 백부장의 사랑하는 종이 병들어 죽게 되었더니"(2절)

　어떤 백부장에게 사랑하는 종이 있었습니다. 백부장이 종을 사랑하였다는 것은 기이한 것입니다. 여기에서부터 백부장의 믿음의 이야기는 시작합니다. 그의 믿음은 사랑으로부터 나왔기에 더욱 귀하고 아름답습니다. 그의 수하의 부하를 사랑한다면 당연한 것입니다. 왜냐하면 부하들은 상관을 위하여 목숨을 버리기 때문입니다. 자녀를 사랑한다는 것은 당연합니다. 그것은 하나님께서 인생에게 선물로 주신 사랑의 본능입니다.

　그러나 백부장이 종을 사랑한다 함은 언뜻 이해하기 어려운 부분입니다. 그 당시의 종은 인격적인 대상이 되지 않았습니다. 특별히 이방인들에게 종이란 더욱 그의 소유에 불과하였습니다. 그러하기에 백부장의 종에 대한 사랑은 참으로 기이한 사랑이며, 이는 죄인을 사랑하신 하나님의 사랑의 오묘함을 조금이라도 보게 하시는 것입니다.

백부장은 이 땅에서 가치 없다고 하는 것에서 값짐을 발견한 사람입니다. 우리는 쉽게 종의 가치를 하찮게 여길 수 있습니다. 그러나 이것은 우리가 세상에 물들어 있는 결과입니다. 백부장은 하찮은 종을 귀하게 여긴 것이 아니라 존귀한 자를 지극히 당연하게 존귀히 여긴 것입니다. 백부장은 세상적인 가치가 아닌 믿음의 가치를 가지고 있었던 사람이었습니다.

"너희가 만일 너희를 사랑하는 자만을 사랑하면 칭찬 받을 것이 무엇이냐 죄인들도 사랑하는 자를 사랑하느니라"(눅 6:32)
"너희가 만일 선대하는 자만을 선대하면 칭찬받을 것이 무엇이냐 죄인들도 이렇게 하느니라"(눅 6:33)
"너희가 받기를 바라고 사람들에게 꾸어 주면 칭찬 받을 것이 무엇이냐 죄인들도 그만큼 받고자 하여 죄인에게 꾸어 주느니라"(눅 6:34)

2. 유대인의 장로들의 청함을 살펴봅시다(3-5절).

마태복음에서는 백부장이 직접 예수님께로 나아간 것으로 전하나 사실 백부장이 직접 예수님께 나아간 것이 아니라 백부장은 자신을 대신하여 유대인의 장로들을 예수님께 보내었습니다.

그가 처음으로 보낸 유대인의 장로들은 예수님께 나아가 이 종을 위하여 간구하되 간절히 간구하였습니다. 사랑은 이와 같이 전염되는 것입니다. 사랑의 바이러스는 이 땅의 어떠한 바이러스보다 더 강한 것입니다. 백부장의 사랑은, 그의 인격으로 유대인의 장로들까지 움직였던 것입니다. 장로들에게 이 백부장은 어떠한 사람이었습니까? 그는 이스라엘 민족을 사랑하고 또한 그들을 위하여 회당을 지었던 사람이었습니다. 그는 참으로 사랑이 풍성한 사람이었습니다. 크게는 이스라엘 민족을 사랑할 줄 알았으며, 작게는 그의 종을 사랑하는 사람이었습니다. 그러나 더 정확하게 이야기하면 그는 종을 사랑하는 것을 크게 여기기에 이스라엘 민족을 사랑할 줄 알았던 것입니다. 온전한 사랑에는 차별이 없는 것입니다.

유대의 장로들이 백부장의 종을 위하여 이처럼 간구하였던 것은 한 가지 이유입니다. 백부장이 그 종을 사랑하였기 때문입니다. 오늘날 우리들 또한 유대의 장로들이 그리했듯이 이 세대를 향한 하나님 아버지의 사랑을 알고 그 사랑으로 대할 수 있어야 할 것입니다. 백부장은 유대인들을 위하여 회당을 지었지만 주 예수 그리스도께서는 그 피로 친히 그의 몸된 교회를 세우셨습니다.

3. 백부장이 벗들을 보냄을 살펴봅시다(6-8절).

백부장이 처음 유대의 장로들을 보냄은 그 종을 구해주시기를 청함이 목적이었습니다. 이제 두 번째로 백부장이 그 벗들을 보냄은 종을 구해

주시기를 청함이 목적이 아닌 주님께서 자신의 집에 들어오심을 감당할 수 없었기 때문입니다.

은혜의 사람이라면 이 백부장의 이 은혜의 경험에 관하여 낯설게 느끼지 말아야 합니다. 베드로는 깊은 곳에 가서 그물을 던지라는 주님의 말씀을 통해서 일어난 역사를 보고 주여 나를 떠나소서 나는 죄인이로소이다라고 고백하였습니다. 자신의 죄의 무게가 주님께 가까이 갈수록 더욱 깊이 있게 다가오는 것입니다. 그것은 주님을 거부하는 것이 아니라 자신의 죄의 무게를 견딜 수가 없는 것입니다. 우리는 세상에서 가장 무섭고 무거운 죄의 무게를 지고 살면서도 그것을 알지 못하고 살아갑니다. 그러나 은혜의 빛과 조명이 비춰질 때에 우리는 비로서 우리가 죄인이라는 이 깊은 좌절을 경험케 됩니다.

백부장은 이에 관하여 두 말을 하였습니다.

"내 집에 들어오심을 나는 감당치 못하겠나이다"(6절)

그 이유는 무엇입니까? 7절 말씀

"내가 주께 나아가기도 감당치 못할 줄을 알았나이다"(7절)

그는 주님의 오심을 감당치 못할 줄을 알고 또한 주께 나아가는 것조차 감당치 못할 줄을 알았던 것입니다. 그는 깊이 있게 주님을 이해하고 또한 깊이 있게 하나님을 만난 사람이었던 것입니다.

4. 백부장의 믿음을 살펴봅시다(6-10절).

"말씀만 하사 내 하인을 낮게 하소서"(7절)

백부장은 주님께 '말씀만 하사'라고 이야기하였습니다. 우리는 저 백부장의 믿음과 같이 주님의 말씀을 소중히 여기며 그 말씀을 붙드는 자가 되어야 할 것입니다.

"나도 남의 수하에 든 사람이요"(8절)

곧 백부장은 자신을 주님의 말씀 아래 있는 사람, 주님의 수하에 든 사람, 주님께 속한 사람으로 고백합니다. 우리는 저 백부장의 믿음과 같이 자신의 주님께 속한 사람으로 여겨야 할 것입니다.

"내 아래에도 병사가 있으니 이더러 가라 하면 가고 저더러 오라 하면 오고"(8절)

백부장은 주님의 말씀의 권위를 인정하는 사람이었습니다. 그는 군병이 그 상관의 명령에 절대복종하듯이 그 권위를 인정하고 복종하는 사람이었습니다. 우리도 이 백부장의 믿음과 같이 주님의 말씀에 순종하는 성도들이 다 되어야겠습니다.

"내 종 더러 이것을 하라 하면 하나이다"(8절)

갑자기 병사에 대한 말씀에서 종에 대한 말씀이 나타나는 것은 백부장은 자신을 군병과 같이 여기며 또한 주님의 종과 같이 여김을 보이는 것입니다. 예수님을 믿음의 눈으로 보지 않는다면 한 유대인일 뿐입니다. 백부장은 대로마의 장교로 모든 사람들이 두려워하는 사람이었습니다. 백부장은 단지 백 사람의 군병을 거느린 사람이 아니라 이스라엘을 지배하고 다스리는 사람이었습니다. 그러나 그가 한낮 유대인에게 자신을 한없이 낮추는 것을 살펴보아야 합니다.

이제 주님께서는 백부장의 그 벗들을 통해 전하는 그 말을 들으시고 기이히 여기시며, 말씀하시기를

"내가 너희에게 이르노니 이스라엘 중에서도 이만한 믿음은 만나보지 못하였노라"(9절)

라 하셨습니다. 백부장의 믿음은 이스라엘 중에서도 찾아볼 수 없었던 참 믿음이었습니다. 백부장은 입으로만 주여 주여 하는 자가 아닌 주의 말씀을 듣고 이를 행한 사람이었습니다. 보내었던 사람들이 집으로 돌아가 보니 종이 이미 나아 있었습니다.

묵상

01 백부장의 사랑에 관하여 나누어 봅시다.

02 장로들과 백부장의 벗에 관하여 나누어 봅시다.

03 백부장의 믿음에 관하여 나누어 봅시다.

되새김

백부장의 믿음은 예수님께서 기이히 여기신 믿음입니다. 백부장의 믿음은 이스라엘 중에서도 예수님께서 만나 보시지 못한 그러한 믿음입니다. 우리의 믿음은 얼마의 크기를 가진 믿음입니까? 무엇에 의해서 백부장의 믿음이 그토록 인정함을 받았는가를 깊이 있게 묵상하여야 할 것입니다.

PART

30

나인 성 과부의 아들을 살리심
7장11~17절

Key Point

평지 설교에 이어 백부장의 믿음을 보여주신 다음으로 소개하는 이야기는 나인 성 과부의 아들을 살리신 이야기입니다. 이 또한 치유 사역으로 누가복음에서 백부장의 종의 고치심과 나인 성 과부의 아들을 살리심은 짝을 이룹니다.

본문 이해

백부장의 종을 고치심에 이어 나인 성 과부의 아들을 살리심은 예수님의 치유 사역의 연속입니다. 나인 성 과부의 아들을 살리심을 통해서 예수님의 치유 사역이 병을 고치실 뿐만 아니라 죽음에서까지 건지심을 보이십니다.

예수님께서는 세 명의 사람들을 살리셨습니다. 본문의 나인 성 과부의 아들과 야이로의 딸과 죽은 지 사흘이나 지났던 나사로였습니다. 나인 성 과부의 아들을 살리심은 모든 세대, 모든 인류에게 주시는 기쁨의 소식입니다. 한 여인 과부에게 기쁜 소식이 아니라 모든 세대, 모든 인류에게 기쁨과 감격을 주시는 말씀입니다.

1. 두 행렬에 관하여 살펴봅시다(11-12절).

예수님께서 나인이란 성으로 가실새 제자와 많은 무리가 동행하였습니다. 예수님과 함께 한 무리는 단순히 제자들 몇 명이 아닌 많은 무리를 이루고 있었습니다. 성문에 가까이 이르실 때에 예수님과 함께 한 무리들은 또 다른 무리를 맞게 됩니다. 그것은 한 과부의 독자인 아들의 죽음의 장례행렬이었습니다. 성경은 그 성의 많은 사람도 그 과부와 함께 나오고 있었다고 전해줍니다. 한 무리는 기쁨과 감격과 은혜가 있었던 무리이고 한 무리는 슬픔과 애도와 오열이 가득 찬 무리였습니다. 한 무리의 중심에는 예수님이 계셨고 한 무리의 중심에는 한 과부가 있었습니다. 이제 이 두 무리가 성문에서 서로 만나게 된 것입니다. 성문이라는 것은 많은 사람이 오가는 자리로서 예수님께 속한 무리와 과부에게 속한 무리뿐만 아니라 많은 사람이 그곳에 있었을 것입니다.

2. 주께서 불쌍히 여기심을 살펴봅시다(13-14절).

인생은 도움을 줄 수 있으나 죽음은 그 도움의 한계가 됩니다. 산 사람에게는 도움을 줄 수 있으나 죽은 자에게는 어떠한 도움도 줄 수 없습니다. 그러나 예수님께서는 그 과부를 보시고 불쌍히 여기사 울지 말라 하셨습니다. 아들의 죽음에 울지 않을 수 없는 것입니다. 그러나 예수님께서 이처럼 울지 말라 하심은 우는 것까지 허락하시지 않으시는 무자비하심이 아닌, 그에게 놀라운 하나님의 능력을 나타내심이 됩니다. 예수님께서는 가까이 가서 그 관에 손을 대사 장례의 행렬을 멈추셨습니다. 그리고 청년에게 '청년아 내가 네게 말하노니 일어나라' 명하셨습니다.

3. 청년이 일어남을 살펴봅시다(16절).

예수님의 명령에 죽었던 자가 일어나 앉고 말도 하여 예수님께서 그를 어머니에게 주셨습니다. 거짓말과 같은 일입니다. 사망의 행렬이, 생명의 행렬이 되었습니다. 슬픔과 절망의 행렬이 환희와 기쁨의 행렬이 되었습니다.

4. 예수님의 소문에 관하여 살펴봅시다(16-17절).

  나인 성 과부의 아들을 살리신 일로 모든 사람이 두려워하였습니다. 그들은 하나님께 영광을 돌려 이르기를 '큰 선지자가 우리 가운데 일어나셨다'하고 또 '하나님께서 자기 백성을 돌보셨다' 하였습니다. 예수님께 대한 이 소문이 온 유대와 사방에 두루 퍼졌습니다.

묵상

01 두 행렬에 관하여 나누어 봅시다.

02 나인 성 과부의 아들을 살리신 이 일의 의미에 관하여 나누어 봅시다.

03 예수께 대한 소문에 관하여 나누어 봅시다.

되새김

나인 성 과부의 아들을 살리심은 단순히 한 청년의 기적적인 사건으로 생각할 수 없습니다. 이는 이 땅에 부활의 주님으로 오신 예수 그리스도와 함께 메시야 왕국이 도래함을 보여주시는 사건입니다.

PART

31

세례 요한의 질문
7장18~35절
(마 11:2-19)

Key Point

예수님께서는 백부장의 종을 고치시고 나인 성 과부의 아들을 살리심으로 치유 사역을 행하시고 이번 과를 통해서는 세례 요한의 질문과 답변을 통해서 자신의 메시야 되심을 선포합니다.

본문 이해

나인 성 과부의 아들을 살리심으로 그 능력을 나타내신 예수님께서는 이번에는 세례 요한의 질문과 그 대답을 통해서 자신의 메시야 되심을 선포하시며 더불어 완악한 이 세대를 향하여 책망하십니다.

1. 세례 요한의 질문과 예수님의 대답을 살펴봅시다(18-23절).

세례 요한은 당시의 유대의 왕인 헤롯 안티파스가 그의 동생 헤롯 빌립의 아내 헤로디아를 아내로 삼은 일을 책망한 일로 말미암아 옥에 갇히게 되었습니다(눅 3:18-20).

요한은 그 제자 중 둘을 불러 주께 보내어 오실 그이가 당신이오니이까 우리가 다른 이를 기다리오리이까 하고 물었습니다. 자신이 직접 예수님께 세례를 베풀었음에도 불구하고 그 또한 불완전한 메시야 관을 통해서 요한은 예수님이 그리스도이심에 관하여 확신할 수가 없었습니다.

마침 그때에 예수님께서 질병과 고통과 및 악귀 들린 자를 많이 고치시며 또 많은 맹인을 보게 하셨습니다.

이에 예수님께서는 다음과 같이 대답하셨습니다. 이는 요한의 잘못된 메시야관에 관하여 유대의 해방이 아닌 본질적인 메시야관을 깨닫게 해 주시는 말씀이 됩니다.

"너희가 가서 보고 들은 것을 요한에게 알리되 맹인이 보며 못 걷는 사람이 걸으며 나병환자가 깨끗함을 받으며 귀먹은 사람이 들으며 죽은 자가 살아나며 가난한 자에게 복음이 전파된다 하라 누구든지 나로 말미암아 실족하지 아니하는 자는 복이 있도다"(22-23절)

2. 세례 요한에 대한 예수님의 말씀을 살펴봅시다(24-30절).

세례 요한의 제자들이 떠난 후에 예수님께서는 무리에게 요한에 대하여 가르쳐 주셨습니다. 우리들이 바로 보아야 할 바는 이와 같은 세례 요한에 대한 소개와 가르침은 단지 그가 누구인지가 아닌 그를 통해서 예수님 자신에 관하여 알게 하시는 것입니다.

먼저 물으셨습니다.

"너희가 무엇을 보려고 광야에 나갔더냐 바람에 흔들리는 갈대냐"(24절)

바람에 흔들리는 갈대는 세례 요한의 강인함과 대조적입니다.

"그러면 너희가 무엇을 보려고 나갔더냐 부드러운 옷 입은 사람이냐

보라 화려한 옷을 입고 사치하게 지내는 자는 왕궁에 있느니라"(25절)

부드러운 옷은 낙타털 옷을 입고 허리에 가죽 띠를 띠고 메뚜기와 석청을 먹었던 세례 요한과 대조적입니다(마 3:4)

이러한 반어법적인 표현들은 세례 요한의 곧음, 굳음, 강인함과 더불어 사치와 거리가 멀었던 그의 삶을 가르칩니다.

"그러면 너희가 무엇을 보려고 나갔더냐 선지자냐 옳다 내가 너희에게 이르노니 선지자보다 더 훌륭한 자니라"(26절)

바람에 흔들리는 갈대와 부드러운 옷 입은 사람들과 대조되었던 세례 요한은 선지자라는 바른 견해에도 불구하고 차이가 있습니다. 왜냐하면 그는 선지자보다 더 나은 자이기 때문입니다. 이는 그의 인격과 능력에 대한 말씀이 아닌 그의 사명과 보다 관련이 있습니다. 그는 가장 근접하게, 가까이, 직접적으로 주님의 길을 예비한 자이기 때문입니다.

"기록된 바 보라 내가 내 사자를 네 앞에 보내노니 그가 네 앞에서 네 길을 준비하리라 한 것이 이 사람에 대한 말씀이라"(눅 7:27)

세례 요한은 선지자보다 더 나은 자이며, 여자가 낳은 자 중에 가장 큰 자라는 칭찬을 받았습니다. 그러나 아이러니하게도 천국에서는 극히 작은 자라도 그보다 큽니다.

"내가 너희에게 말하노니 여자가 낳은 자 중에 요한보다 큰 자가 없도다 그러나 하나님 나라에서는 극히 작은 자라도 그보다 크니라"(눅 7:28)

주님의 길을 예비하는 자가 큰 자이나 이제는 주 예수 그리스도로 말미암아 하나님 나라의 복음을 듣고, 경험하고, 동참하고, 더 나아가 전하는 자들은 더 큰 자가 되는 것입니다. 이는 단순히 크기의 차이가 아닌 질적인 차이입니다.

세례 요한에 대한 예수님의 가르침에서 누가복음은 마태복음과 다른 말씀을 전합니다.

"세례 요한의 때부터 지금까지 천국은 침노를 당하나니 침노하는 자는 빼앗느니라 모든 선지자와 율법이 예언한 것은 요한까지니 만일 너희가 즐겨 받을진대 오리라 한 엘리야가 곧 이 사람이니라 귀 있는 자는 들을지어다"(마 11:12-15)

"모든 백성과 세리들은 이미 요한의 세례를 받은지라 이 말씀을 듣고 하나님을 의롭다 하되 바리새인과 율법교사들은 그의 세례를 받지 아니함으로 그들 자신을 위한 하나님의 뜻을 저버리니라"(29-30절)

마태복음은 새로운 시대가 도래되었음을 알립니다. 세례 요한까지는 오실 메시야에 대한 예언으로 그 정점에 세례 요한이 있다면 그로부터는 천국의 도래가 이루어지기 시작하고 그리로 들어는 자들이 일어나게 된 것입니다.

이제 누가복음은 이러한 새로운 시대가 도래했으나 하나님의 뜻을 받아들인 자들과 하나님의 뜻을 저버린 자들이 있음을 보입니다.

3. 이 세대에 대한 비유를 통해 가르치시는 바는 무엇입니까?(31-35절)

표면상으로 말씀은 완악한 세대를 비유적으로 표현합니다. 아이들이 피리를 부는 것은 결혼 잔치 자리이며, 슬피 우는 것은 장례 놀이와 같습니다. 그러나 이러한 극과 극의 표현에도 불구하고 반응하지 않는 완악한 세대입니다. 세례 요한의 사역은 장례 놀이와 같고 예수님의 사역은 결혼식과 같으나 완악한 세대는 이에 응하지 않는 것입니다.

"세례 요한이 와서 떡도 먹지 아니하며 포도주도 마시지 아니하매 너희 말이 귀신이 들렸다 하더니 인자는 와서 먹고 마시매 너희 말이 보라 먹기를 탐하고 포도주를 즐기는 사람이요 세리와 죄인의 친구로다 하니 지혜는 자기의 모든 자녀로 인하여 옳다 함을 얻느니라"(33-35절)

묵 상

01 세례 요한의 연약함에 관하여 나누어 봅시다.

02 세례 요한이 선지자보다도 훌륭한 이유는 무엇입니까?

03 이 세대의 완악함에 관하여 나누어 봅시다.

되새김

세례 요한의 질문과 대답을 통해서 예수님께서는 단지 그의 질문에 대한 대답이 아닌 새로운 시대가 도래하였음을 알게 하십니다. 세례 요한은 모든 선지자들보다 더 나은 자이나 천국의 일원이 되는 것은 이 보다 더 나은 자가 되는 것입니다.

PART

32

향유를 부은 여인
7장 36~50절

Key Point

이방인인 백부장을 통해서 말씀과 믿음에 관하여 교훈하셨다면 이제 7장의 마지막 말씀은 향유를 부은 한 죄된 여인의 행위를 통해서 주의 은혜에 대한 그의 사랑과 헌신에 관하여 알게 하십니다.

본문 이해

누가복음 7장은 백부장에 관한 말씀으로 시작됩니다. 그리고 향유를 부운 여인에 관한 이야기로 마침을 살펴볼 수 있습니다.

향유를 부은 여인에 관한 말씀은 사복음서에 다 나옵니다. 그러나 같은 사건은 아닙니다. 오병이어와 칠병이어가 다른 사건이듯이 향유를 부운 사건은 두 번에 걸쳐 나옵니다. 일반적으로 우리들이 아는 향유 도유 사건은 예수님께서 십자가에 못 박히시기 한 주간 전 안식일에 베다니의 삼남매 중에 마리아에 의한 말씀입니다(마 26:6-13, 막 14:3-9, 요 12:1-8).

그러나 누가복음의 말씀은 시간적으로 예수님의 갈릴리 사역에 행하여진 일로 한 여인이 예수님의 발에 향유를 부은 사건입니다. 곧 마리아의 향유 도유 사건은 예수님의 장례를 준비하는 사건이라면 한 여인이 예수님의 발에 향유를 부은 사건은 헌신에 관한 말씀이며 죄인을 향한 예수님의 사랑과 죄 용서의 말씀입니다. 세례 요한의 질문과 답변의 말씀에 이어 예수님께서는 이 여인의 죄를 사하심으로 자신의 선포의 사역을 행하십니다.

1. 예수님께서 바리새인의 집에 들어가 앉으심을 살펴봅시다(36절).

한 이례적인 사건이 나옵니다. 예수님께서 바리새인들을 책망하셨음에도 불구하고 한 바리새인이 예수님께 자기와 함께 잡수시기를 청합니다. 이에 예수님께서는 그 바리새인의 집에 들어가 앉으셨습니다. 처음 소개할 때에 이 바리새인에 관하여 그가 바리새인이라는 것 외에 말씀하시지 않으셨으나 이후의 말씀을 통해서 그의 이름이 시몬인 것을 알 수 있습니다. 곧 예수님께서는 시몬이라고 하는 바리새인의 집에 들어가신 것입니다.

2. 죄를 지은 여인이 예수님께 향유를 부음을 살펴봅시다(37-38절).

이 바리새인의 이름은 밝히셨으나 그 이름을 밝히지 아니하시고 그 여인의 행위만을 전하시는 한 사건이 일어나게 됩니다. 그녀는 그 동네의 사람입니다. 모든 사람이 그녀가 죄인인 것을 아는 한 여인입니다. 오늘날도 우리는 결코 죄인을 환대하지 않습니다. 이 여인이 죄인이라 함은 보통은 창녀를 의미하게 됩니다. 그녀는 자신의 몸을 팔아 살아가는 여인이었습니다.

이제 여인은 예수님께서 바리새인의 집에 앉아 계심을 알았습니다. 예수님께 나아가는 것도 귀하지만 그곳이 바리새인의 집이라는 사실은 얼마나 이 여인이 담대함으로 주님 앞에 나아왔는지를 보입니다. 예수님은 이 여인을 용서하여 주실 것입니다. 그렇게 기대하고 믿습니다. 그러나 절대로 믿을 수 없는 일은 무엇이겠습니까? 절대로 기대할 수 없는 일은 무엇이겠습니까? 그것은 바리새인은 결코 이 죄된 여인을 용납

하지 않을 것이라는 사실입니다. 그러므로 이 여인이 주님께 나아온다는 것은 단지 주님과의 문제만은 아닌 것입니다. 여인은 예수님께서 바리새인의 집에 앉아계신 것을 알았습니다. 이제 여인이 주님 앞에 나아옴은 많은 멸시와 조롱을 감내함이 됩니다.

그럼에도 불구하고 이 여인은 향유를 담은 옥합을 가지고 옵니다. 그리고 예수님의 뒤로 그 발 곁에 서서 울며 눈물로 그 발을 적셨습니다. 그리고 자기 머리털로 닦고 그 발에 입맞추고 향유를 부었습니다.

3. 예수님을 청한 바리새인의 생각을 살펴봅시다(39절).

예수님을 청한 바리새인은 그것을 보고 마음에 이르기를 이 사람이 만일 선지자라면 자기를 만지는 이 여자가 누구며 어떠한 자 곧 죄인일 줄을 알았으리라 하였습니다.

우리는 깨달아야 할 바가 있습니다. 우리는 서로 다르다고 생각합니다. 그러나 사실 우리들이 다르다고 생각하는 것은 본질이 아닙니다. 빚진 자가 더 많이 빚진 자와 적게 빚진 자가 있을 수 있습니다. 이는 상대적인 것입니다. 절대적인 사실은 그들이 다 빚진 자라는 사실입니다. 절대적인 사실은 둘 다 빚을 갚을 수 없다는 것입니다. 절대적인 것은 이들 모두 은혜로 탕감해 주었다는 것입니다. 그러나 사람들은 여전히 상대적인 것만을 바라봅니다. 내가 누군가보다 덜 빚진 자라고 생각합니다. 그래서 자신의 빚진 자임에도 불구하고 그 빚을 갚을 수 없음에도 불구하고 하나님의 은혜가 없이는 빚을 갚을 수 없는 자임에도 불구하고 자신을 의인으로 생각하는 것입니다.

오늘 두 사람이 주님을 만났습니다. 한 사람은 바리새인입니다. 그는 자신의 집에 예수님을 초청하였습니다. 또한 주님과 함께 식사를 하였습니다. 그러나 참으로 주님을 만난 사람은 이 바리새인이 아니라 죄 된 여인입니다.

4. 바리새인에게 베푸신 주님의 비유를 살펴봅시다(40-50절).

주님께서는 이 바리새인 시몬에게 한 비유로 통해서 깨닫게 하십니다.

"빚 주는 사람에게 빚진 자가 둘이 있어, 하나는 오백 데나리온을 졌고 하나는 오십 데나리온을 졌는데 갚을 것이 없으므로 둘 다 탕감하여 주었으니 둘 중에 누가 그를 더 사랑하겠느냐"(41-42절)

시몬이 대답합니다. "내 생각에는 많이 탕감함을 받은 자니이다"(43절)

"네 판단이 옳다"(43절)

"이 여자를 보느냐 내가 네 집에 들어올 때 너는 내게 발 씻을 물도 주

241

지 아니하였으되 이 여자는 눈물로 내 발을 적시고 그 머리털로 닦았으며 너는 내게 입맞추지 아니하였으되 그는 내가 들어올 때로부터 내 발에 입맞추기를 그치지 아니하였으며 너는 내 머리에 감람유도 붓지 아니하였으되 그는 향유를 내 발에 부었느니라 이러므로 내가 네게 말하노니 그의 많은 죄가 사하여졌도다 이는 그의 사랑함이 많음이라 사함을 받은 일이 적은 자는 적게 사랑하느니라"(44-47절)

우리의 사랑은 무엇을 증거합니까? 우리의 사랑은 사함의 크기를 증거합니다. 더 정확하게, 깊이 이야기하면 하나님의 사함을 깊이 있게 깨달은 자가 더 깊이 있게 사랑하게 되는 것입니다.

우리의 사랑은 우리로 말미암은 것이 아닙니다. 그 사랑의 원천은 주님의 은혜입니다. 그 은혜와 용서가 우리들의 사랑을 만들어 내는 것입니다. 오늘 우리는 주님 앞에게 우리의 죄됨을 가지고 나아가기를 원합니다. 또한 우리는 우리의 죄의 사함을 받아 더 깊이 있게 주님을 사랑하기를 원합니다. 오직 주님만을 바라볼 수 있기를 원합니다.

묵 상

01 바리새인과 여인을 비교하여 봅시다.

02 두 빚진 자의 비유에 관하여 나누어 봅시다.

03 향유를 부은 여인이 주는 교훈에 관하여 나누어 봅시다.

되새김

믿음은 백부장의 믿음과 같이 하나님의 말씀에 대한 온전한 믿음입니다. 또한 믿음은 자신의 옥합을 깨트린 이 여인의 믿음과 같이 하나님의 은혜와 사랑에 대한 헌신입니다.

PART

33

씨 뿌리는 자의 비유
8장1~21절

Key Point

이번 과는 예수님의 순회전도사역으로부터 시작하여 씨 뿌리는 자의 비유와 등불 비유, 영적 가족에 관한 말씀에 이릅니다. 이는 참된 영적인 가족은 어떠한 사람인가를 알게 하십니다.

본문 이해

사도들을 택하심과 평지 설교와 백부장으로부터 옥합을 깬 여인까지의 말씀에 이어 이번 과는 예수님의 순회전도로부터 시작합니다. 예수님의 제1, 2, 3차 갈릴리 사역은 제자들을 부르심과 택하심과 파송하심으로 구분됩니다. 누가복음 4장42-44절의 말씀에서 제1차 갈릴리 사역이 가버나움의 사역의 마지막 언급을 통해서 순회 전도사역이었음을 밝힌 바와 마찬가지로 제자들을 사도로 택하심으로 시작된 제2차 갈릴리 사역 또한 순회 전도사역임을 8장1-3절의 말씀을 통해서 알게 하십니다.

이번 과는 예수님의 제2차 갈릴리 순회전도 사역의 복음 전파(1-3절)와 하나님 나라의 비유-씨 뿌리는 자의 비유(4-15절), 하나님의 말씀을 받음의 자세와 결과-등불 비유(16-18절)에 이어 예수님의 어머니와 동생을 통하여 참된 예수님의 영적인 가족이 누구인가에 관하여 알게 하십니다.

■ 누가복음 8장의 구조적 이해

눅 8:1-3: 제2차 갈릴리 순회전도 사역 요약

눅 8:4-8: 씨 뿌리는 자의 비유

눅 8:9-15: 씨 뿌리는 자의 비유 해석

눅 8:16-18: 등불 비유

눅 8:19-21: 예수님의 참된 가족

눅 8:22-25: 광풍을 잔잔케 하신 예수님

눅 8:26-39: 거라사인 귀신 들린 자를 고치심

눅 8:40-56: 야이로의 딸을 살리심과 열두 해 혈루증 여인을 고치심

1. 여성들이 예수님의 사역을 도움을 살펴봅시다(1-3절).

예수님의 사역은 순회 전도 형식이었습니다. 그 후로 예수님께서 열두 제자들과 함께 각 성과 마을에 두루 다니시며 하나님의 나라를 선포하시며 복음을 전하셨습니다. 예수님의 사역을 섬겼던 여인들이 있었으며 특별히 세 명의 여인에 관하여 전합니다. 악귀를 쫓아내심과 병 고침을 받은 어떤 여자들 곧 일곱 귀신이 나간 자 막달라인이라 하는 마리아와 헤롯의 청지기 구사의 아내 요안나와 수산나입니다.

누가복음은 여성들을 중요하게 다룹니다. 사가랴와 엘리사벳에서, 예수님의 어머니 마리아, 시므온과 안나에서, 백부장과 나인성 과부에서, 바리새인 시몬과 향유를 부은 여인에서 보았던 여성들의 모습에서 이제 더욱 구체적으로 그들의 역할에 관하여 증거합니다.

첫 번째로 소개되는 여인은 막달라 마리아입니다. 막달라는 '탑'이라는 뜻의 성읍으로 막달라 마리아는 일곱 귀신으로부터 고치심을 받았고, 예수님의 십자가와 장사 지냄에도 함께 하였으며(막 15:47) 안

식 후 첫날에 예수님의 시체에 향품을 바르기 위해 무덤에 갔다가(막 16:1) 예수님의 부활을 처음으로 목격한 영광의 주인공이 되었습니다(막 16:9). 크신 은혜를 입고 그 은혜로 끝까지 예수님을 사랑하고 섬겼던 여인이었습니다.

두 번째로 소개된 여인은 헤롯의 청지기 구사의 아내 요안나입니다. 신분적으로 미천하였던 막달라 마리아와 달리 귀한 출신의 여인이었던 요안나 역시 예수님을 섬김은 다양한 신분과 사람들이 하나님의 은혜를 입었고 또한 섬겼음을 보여줍니다.

세 번째 여인은 수산나입니다. 비록 그 이름만 소개되었지만 여인을 천시하였던 당시의 풍조에서 그 이름이 기록됨은 영광스러운 일이 됩니다. 이 외에 다른 여러 자가 함께 하여 자기들의 소유로 예수님의 사역을 섬겼습니다.

2. 씨 뿌리는 자의 비유를 살펴봅시다(4-15절).

씨 뿌리는 자의 비유는 예수님의 많은 비유 중에 공관복음에 모두 나오는 유일한 비유입니다. 구체적으로 자세한 비유의 내용은 마태복음 성경교재를 참고하며, 이번 과에서는 누가복음이 전하는 비유의 특징을 중심으로 전합니다.

씨 뿌리는 자가 '그 씨'를 뿌리러 나갔다함으로 '그 씨'를 강조합니다.

씨는 하나님의 말씀이며(11절) '그 자신의 씨'라는 뜻으로 예수님의 복음 전파 사역을 가르킴이 됩니다.

　사람의 마음을 네 가지 밭으로 비유하신 씨 뿌리는 자의 비유에서 먼저 소개되는 밭은 '길 가'입니다. "더러는 길 가에 떨어지매 '밟히며' 공중의 새들이 먹어 버렸고"에서 밟힘에 관하여 강조하고 있는데 곧 하나님의 말씀을 받지 않음은 그 영혼의 문제일 뿐만 아니라 그 말씀을 훼손케 하는 죄가 되는 것입니다. 길 가에 관하여 가르쳐 주심은 '길 가에 있다는 것은 말씀을 들은 자니 이에 마귀가 가서 그들이 믿어 구원을 얻지 못하게 하려고 말씀을 그 마음에서 빼앗는 것이요'(12절)라 하였습니다. 말씀으로 말미암는 구원을 방해함으로 하나님의 말씀은 사람들의 발에 밟히고 공중의 새가 되는 마귀에게 빼앗기게 되는 것입니다.

　두 번째 밭은 바위입니다. '더러는 바위 위에 떨어지매 싹이 났다가 습기가 없으므로 말랐고'(6절)의 말씀에 예수님께서는 '바위 위에 있다는 것은 말씀을 들을 때에 기쁨으로 받으나 뿌리가 없어 잠깐 믿다가 시련을 당할 때에 배반하는 자요'(13절)라 하셨습니다. 마태와 마가복음에서는 두 번째 밭에 관하여 흙이 얇은 돌밭이라 하였으나 누가복음은 바위 위라 하였으며 싹이 마른 이유도 마태와 마가는 흙이 얇으므로 뿌리를 내리지 못함에 있는 반면 누가복음은 습기가 없으므로 말랐다고 하였습니다. 첫 번째 밭인 길 가에서는 말씀을 빼앗김이 문제라면 두 번째 밭은 특별히 마름을 주의해 보아야 합니다. 그리고 이 마름의 원인은 내적이며 외적으로 옴을 알 수 있습니다. 곧 뿌리를 내리지 못하는 환경은 그의 내적인 문제이기도 하지만 습기는 외적인 원인이 됩니다. 하나님께서는 하나님의 말씀을 받은 자에게 내적으로 충만하게 하시며 또한 외적인 기름 부으심을 통해서 충만케 합니다. 그러나 바위 위에 씨가 떨어진 자와 같은 자는 이 두 가지 조건에 다 적절하지 못하여 결국 마르게 됩니다. 기쁨으로 잠깐 믿으나 결국 뿌리가 온전히 내리지 못하여 시련을 당할 때에 배반하게 되는 것입니다.

세 번째 밭은 가시떨기입니다. '더러는 가시떨기 속에 떨어지매 가시가 함께 자라서 기운을 막았고'(7절)에 대하여 예수님께서는 "가시떨기에 떨어졌다는 것은 말씀을 들은 자이나 지내는 중 이생의 염려와 재물과 향락에 기운이 막혀 온전히 결실하지 못하는 자요"(14절)라 하셨습니다. 왜 결실하지 못하겠습니까? 두 번째 밭은 바위 '위'라 하셨고 세 번째 밭을 가시떨기 '속'에 하심을 주목해 보아야 합니다. 하나님의 말씀을 받은 자에게 이미 무성한 가시가 있었습니다. 믿음의 사람들이 온전히 열매를 맺기 위해서는 이러한 무성한 가시떨기들을 제거해 나가야 합니다. 그러나 그러하지 못할 때에 말씀은 그 가운데 결실할 수 없습니다. 이 가시떨기는 영적으로 이생의 염려와 재물과 향락입니다. 우리 안에 무성한 이와 같은 가시떨기를 제거함이 곧 결실의 과정이 되는 것입니다.

마지막 네 번째 밭은 '좋은 땅'입니다. 마태복음은 100배, 60배, 30

배라 하였고 마가복음은 반대로 30배, 60배, 100배라 하셨으나 누가복음은 100배라 하셨습니다. 이는 풍성한 결실을 강조하심이 됩니다. 특별히 예수님께서는 이 좋은 땅에 관하여 "좋은 땅에 있다는 것은 착하고 좋은 마음으로 말씀을 듣고 지키어 인내로 결실하는 자니라"(15절)고 하셨습니다. 우리는 하나님의 말씀을 받을 때에 그 말씀을 바로 결실하는 것이 아니라 좋은 땅 또한 듣고 지키어 인내로 결실함을 보아야 할 것입니다. 곧 결실에는 과정이 있는 것입니다.

3. 등불 비유에 관하여 살펴봅시다(16-18절).

씨 뿌리는 자의 비유에 이어 등불 비유에 관하여 전합니다. 등불 비유는 세 부분으로 나누어집니다. 16절은 등불 비유를 통해서 누구든지 등불을 켜서 그릇으로 덮거나 평상 아래에 두지 아니하고 등경 위에 둠은 들어가는 자들로 그 빛을 보게 하기 위함이듯이 복음을 전하심은 사람들로 하여금 깨닫게 하시기 위하여 말씀하심을 가르칩니다. 특별히 마태복음의 등불 비유가 집 안 모든 사람에게 비췸으로 공동체적이라면(마 5:15) 누가복음의 등불 비유는 들어오는 자들을 위한 선교적인 메시지를 가집니다. 17절은 "숨은 것이 장차 드러나지 아니할 것이 없고 감추인 것이 장차 알려지고 나타나지 않을 것이 없느니라"라는 말씀을 통해서 마침내 하나님 나라의 비밀이 다 밝히 드러나게 될 것을 말씀하시며 18절의 "그러므로 너희가 어떻게 들을까 스스로 삼가라 누구든지 있는 자는 받겠고 없는 자는 그 있는 줄로 아는 것까지도 빼앗기리라"의 말씀을 통해 듣는 자의 자세에 따라 영적인 부요함과 빈곤함이 있게 될 것을 말씀하십니다. 이는 앞선 하나님의 나라의 비유에 연속된 비유와 말씀들로서 주신 말씀입니다.

4. 예수님의 참된 가족에 관하여 살펴봅시다(19-21절).

예수님의 어머니와 그 동생들이 왔으나 무리로 인하여 가까이하지 못할 때에 어떤 이가 알리되 당신의 어머니와 동생들이 당신을 보려고 밖에 서 있나이다 하였습니다. 이에 예수님께서는 대답하시기를 "내 어머니와 내 동생들은 곧 하나님의 말씀을 듣고 행하는 이 사람들이라"(21절) 하셨습니다. 이는 단순한 해프닝이 아닌, 앞선 말씀에 대한 결론적인 메시지입니다.

묵상

01 여성들이 복음을 위하여 섬김을 나누어 봅시다.

02 누가복음의 씨 뿌리는 자의 비유에 관하여 나누어 봅시다.

03 참된 영적 가족에 관하여 나누어 봅시다.

되새김

예수님의 순회 전도와 씨 뿌리는 자의 비유, 등불 비유는 예수님께서 말씀하시는 참된 영적 가족이 어떠한 자들인지를 알게 하십니다. 참된 영적인 가족은 하나님의 말씀을 듣고 행하는 사람들입니다.

PART

34

두 세계를 다스리시는 예수님
8장22~39절

Key Point

이번 과는 광풍을 잔잔케 하심과 거라사인의 귀신 들린 자를 고치심으로 말미암아 이 세계와 영적 세계의 진정한 통치자가 누구이신가를 알게 하십니다.

제2차 갈릴리 사역은 예수님께서 사도들을 세우심으로 시작하며 크게 예수님의 사역과 하나님 나라의 선포와 예수님의 권세에 관하여 알게 하십니다. 예수님의 세 가지 사역으로 가르침과 치유와 선포를 행하셨으며 하나님 나라를 선포하심에 이어 이번 과는 예수님의 권세에 관하여 알게 하십니다. 곧 만물에 대한 권세를 보이시고 영적인 세계에 대한 권세를 알게 하십니다.

1. 풍랑을 잔잔케 하심을 살펴봅시다(22-25절).

풍랑을 잔잔케 하심은 마태복음 8장23-27절과 마가복음 4장35-41절을 통해서도 증거합니다. 누가복음은 이를 '광풍'이라 하였습니다. 갑작스러운 광풍은 인생에도 불어 닥쳐 당황케 합니다. 더욱이 이는 믿음으로 시작하는 첫걸음에 이루어진 사건입니다. 이러한 사건의 위급함에 관하여 누가는 다음과 같이 전합니다.

"마침 광풍이 호수를 내리치매 배에 물이 가득하게 되어 위태한지라"(23절)

제자들은 예수님을 깨어 부르짖습니다. "주여 주여 우리가 죽겠나이다"(24절) 그들은 예수님을 깨웠지만 믿음은 없었습니다. 그들은 '주여 주여' 외쳤지만 믿음은 없었습니다.

성경에 주님을 반복해서 부르신 예들이 있습니다.

미련한 다섯 처녀의 부르짖음: 마태복음 25장11절
주여 주여 하는 자 / 주여 주여 우리가: 마태복음 7장21-22절
주여 주여 하면서도: 누가복음 6장46절

이 세 번의 경우에 있어서 두 번은 같은 사건이므로 크게 미련한 다섯 처녀와 주여 주여 하면서 행하지 않는 자에 관한 것으로 모두 부정적인 예들이 됩니다. 주님을 반복해서 부른다고 하여서 믿음이 있는 것이 아니라 온전한 믿음을 가져야 합니다.

본문의 '주여'는 마가는 '선생님', 마태는 일반적인 '주인'인 '퀴리오스'가 아닌 '곁에서 서서 인도하는 감독자'의 의미의 '에피스타테스'입니다. 그러나 이러한 부르짖음에도 불구하고 이들에게는 믿음이 없었습니다.

예수님께서 잠을 깨사 바람과 물결을 꾸짖으시니 그쳐 잔잔하여졌습니다. 그리고 제자들에게 말씀하셨습니다.

"너희 믿음이 어디 있느냐"(25절)

제자들은 두려워하고 놀랍게 여겨 서로 말하기를 '그가 누구이기에 바람과 물을 명하매 순종하는가' 하였습니다.

2. 귀신 들린 사람의 모습을 살펴봅시다(26-27절).

풍랑을 잔잔케 하신 예수님께서는 제자들과 함께 갈릴리 맞은편 거라사인의 땅에 이르셨습니다. 예수님께서 내리실 때 그 도시 사람으로서 귀신 들린 자 하나가 예수님을 만나게 되는데 이 사람에게 누가복음에서는 세 가지를 전합니다.

그 사람은
"오래 옷을 입지 아니하며"
"집에 거하지도 아니하고"
"무덤에 거하는 자라"

이 귀신 들린 자는 오래 동안 옷을 입지 않았습니다. 옷은 자신의 몸을 일차적으로 보호하여줍니다. 자신의 몸을 추위로부터 지켜주며, 부끄러움으로부터 지켜줍니다. 그러나 이와 같은 최소한의 보호를 이 귀신 들린 자는 받지 못하였습니다.

다음으로 귀신 들린 자는 집에 거하지도 않았습니다. 옷이 개인을 지킴과 같이 집은 가족을 지킵니다. 집은 가족 공동체를 지킴으로 공동체가 함께 거하는 최소한의 공간입니다. 집 안에서 가족 공동체는 서로에 대한 사랑을 확인하고 안정감을 가지게 됩니다. 그러나 귀신 들린 자는 이러한 집으로부터 나오게 됩니다.

마지막으로 귀신 들린 자는 무덤 사이에 거하였습니다. 이곳은 귀신 들린 자를 지켜주는 곳이 아닙니다. 이곳은 죽음이 있는 곳입니다.

옷을 입지 않은 자와 같이 그리스도의 의의 옷을 입지 못하고, 하나님의 집이 되는 가정과 교회와 천국과 상관이 없는 자가 거할 곳은 사망과 저주 가운데 있는 것입니다.

3. 귀신 들린 사람의 간구를 살펴봅시다(28-31절).

귀신 들린 자는 예수님을 보고 부르짖으며 그 앞에 엎드려 큰 소리로 불렀습니다. 여기까지만 보면 믿음의 모습과도 같습니다. 그러나 제자들이 '주여 주여' 하였지만 믿음이 없었던 바와 같이 이 귀신 들린 자의 행위는 믿음으로 말미암은 행위는 아니었습니다. 귀신 들린 자는 "당신이 나와 무슨 상관이 있나이까 당신께 구하노니 나를 괴롭게 하지 마옵소서"(28절)라 하였습니다. 이는 예수님께서 이미 더러운 귀신을 명하여 그 사람에게 나오라 하셨기 때문입니다. 귀신이 가끔 그 사람을 붙잡으므로 그를 쇠사슬과 고랑에 매여 지켰으되 그 맨 것을 끊고 귀신에게 몰려 광야로 나갔습니다. 예수님께서 "네 이름이 무엇이냐"(30절) 물으셨습니다. 이에 군대라 하니 이는 많은 귀신이 들렸기 때문입니다. 귀신들은 무저갱으로 들어가라 하지 마시기를 간구하였습니다. 예수님께서는 단지 그 사람에게서 나오라 하셨으나 그들을 무저갱에 들어가게 하실 권세가 있으신 예수님께로 말미암아 두려움 가운데 간구한 것입니다. 이는 참된 믿음의 간구의 모습이 아닙니다.

4. 귀신들이 돼지 떼에 들어가기를 간구함을 살펴봅시다(32-33절).

귀신들의 간구가 믿음의 간구가 아닌 바와 같이 이 간구의 응답도 하나님의 응답이라기보다는 '허락'하심이 됩니다. 예수님께서는 결코 귀신들의 간구를 들으시고 응답하시고 교제하시기를 기뻐하시지 않습니다. 아마도 귀신들은 저들의 간구대로 무저갱에 들어가지 않기를 바랬을 것입니다. 무저갱에 들어가는 것보다 저들에게 더 나았던 것은 바로 돼지 떼에 들어가는 것입니다. 돼지 떼에 들어감으로 말미암아 그들은 아마도 무저갱에 들어가지 않는 바램을 이루게 된 것입니다.

5. 거라사인의 백성들의 간구를 살펴봅시다(34-37절).

복음의 역사, 하나님의 역사가 언제나 이 땅에서 환영을 받지 못함에 관하여 보여주십니다. 귀신 들린 자를 고치셨으나 거라사인의 백성들은 많은 돼지 떼를 잃었습니다. 하나님께서는 분명히 거라사인의 돼지 떼의 죽음을 통해서도 말씀하시는 바가 있었을 것입니다. 이것은 분명한 하나님의 역사이며 새로운 부흥의 역사가 거라사인에게 이루어질 기회가 되었습니다. 육적으로 많은 손실을 보았음에도 불구하고 그들은 부정할 수 없는 하나님의 역사로 영적인 대부흥을 맛볼 수 있었습니다. 그러나 어리석은 영혼들은 이러한 하나님의 은혜의 때를 깨닫지 못하고 오히려 육의 손실만을 헤아려 생명의 구주를 마다함을 보게 됩니다. 그들은 두려움을 가졌으나 이 두려움이 그들의 마음을 돌이키지 못하였습니다. 예수님께서는 거라사인 백성들의 간구를 들으셨습니다. 그러나 기억해야 합니다. 이는 결코 은혜도 축복도 아닙니다. 그들은 그저 육의 것을 구하였고 이를 얻었을 뿐입니다.

6. 귀신 들린 사람의 간구를 살펴봅시다(38-39절).

거라사인의 귀신 들린 자의 이야기에는 세 번의 간구가 나옵니다. 귀신들의 간구와 거라사인 백성들의 간구와 마지막 고침을 받은 자의 간구입니다. 귀신 들린 자의 간구를 허락하셨고 거라사인 백성들의 간구를 들으셨으나 이번에 고침을 받은 자의 간구를 들으시지 않으셨습니다.

"귀신 나간 사람이 함께 있기를 구하였으나 예수께서 그를 보내시며 이르시되 집으로 돌아가 하나님이 네게 어떻게 큰 일을 행하셨는지를 말하라 하시니"(38-39절)

마지막 귀신 나간 사람의 간구는 진실한 믿음의 간구였습니다. 귀신들의 간구는 허락하셨으나 이는 응답이 아닙니다. 거라사인 백성들의 간구는 들으셨으나 이 또한 응답이 아닙니다. 그러나 이제 귀신 나간 자의 간구는 듣지 않으셨습니다. 그러나 이는 응답입니다.

"집으로 돌아가 하나님이 네게 어떻게 큰 일을 행하셨는지를 말하라"(39절)

그는 옷을 입지 않은 자였습니다. 집에서 나온 사람이었습니다. 그러나 이제 회복이 일어납니다. 그는 정신을 차리고 가장 먼저 자신의 벌거벗은 몸을 가렸을 것입니다. 그에게는 옷이 필요한 것입니다. 그는 지극히 정상적인 사람이었습니다. 그는 이전과 같이 쇠사슬과 고랑을 끊을 수 있는 능력이 없었을 것입니다. 그러나 이제 지극히 정상인 것입니다. 그에게는 이전에 의미도 사명도 없었습니다. 그러나 이제 그에게는 그 어떠한 사람보다 더 큰 은혜를 맛보고 큰 사명을 가지게 됩니다.

"그가 가서 예수께서 자기에게 어떻게 큰 일을 행하셨는지를 온 성내에 전파하니라"(39절)

묵상

01 광풍을 잔잔케 하신 예수님에 관하여 나누어 봅시다.

02 귀신 들린 자의 모습과 그 교훈에 관하여 나누어 봅시다.

03 거라사인의 이적의 교훈에 관하여 나누어 봅시다.

되새김

광풍을 다스리심과 거라사인의 귀신 들린 자를 고치심으로 말미암아 자연 만물과 영적인 세계를 주께서 다스리심과 그들 또한 순종함의 모습을 보입니다. 이는 더 나아가 하나님의 말씀에 대한 인생의 순종이 마땅함을 알게 하십니다.

PART

35

야이로의 딸을 살리심
8장40~56절

Key Point

앞선 말씀에서 광풍을 잔잔케 하시고, 거라사인의 귀신 들린 자를 고치심으로 육의 세계와 영의 세계를 다스리시는 주님께서는 열두 해 혈루증 여인의 질병을 고치시고 야이로의 딸을 살리사 우리의 육과 영을 고치심을 알게 하십니다.

누가복음 8장40-56절의 말씀은 크게 세 부분으로 나뉩니다. 예수님께서 이방인 지역의 사역을 마치시고 가버나움에 돌아오셨을 때에 사람들의 환영과 야이로의 간구, 12해 혈루병 여인의 치유, 마지막으로 회당장 야이로의 딸을 살리심에 관한 말씀입니다. 광풍을 다스리심과 거라사인의 귀신 들린 자를 고치심으로 육적이며, 영적인 모든 세계를 다스리시는 주께서 또한 우리의 육신과 영혼을 고치시는 것입니다. 이는 예수님의 권세입니다.

1. 무리의 환영과 회당장 야이로의 간구를 살펴봅시다(40-42절).

예수님께서 이방 지역의 사역을 마치시고 가버나움으로 돌아오셨습니다. 무리는 예수님을 기다렸으며, 환영하였고 더 나아가 그곳 가운데 있었던 회당장 야이로는 죽어가는 딸의 치유를 위하여 예수님께 간구하였습니다.

우리는 이 세 가지를 바르게 알아야 합니다. 첫째, 빈곤함과 갈급함은 다릅니다. 우리는 빈곤한 자가 되어서는 안 되지만 갈급한 자가 되어야 합니다. 예수님을 기다림이 있어야 합니다. 예루살렘의 제자들은 예수님의 승천 후에 성령을 10일간 기다렸고 그 가운데 성령의 권능을 덧입게 되었습니다. 우리들 또한 주님을 기다리는 자, 갈급한 자가 되어야 합니다.

둘째, 우리는 주님을 환영하는 자가 되어야 합니다. 단순히 그분을 맞이하는 것이 아니라 환영하며, 기뻐하며, 우리들의 주님으로 영접하여야 합니다.

셋째, 간구하는 자가 되어야 합니다. 회당장 야이로는 예수의 발 아래에 엎드려 자기 집에 오시기를 간구하였습니다.

여러 기다린 사람들 중에서 회당장이 더욱 간절히 기다릴 수밖에 없었던 이유는 열두 살 된 외동딸이 죽어가고 있었기 때문입니다. 때때로 우리들의 삶의 문제는 더욱더 주님을 향하여 간구하게 됩니다.

2. 열두 해 혈루증 여인의 치유에 관하여 살펴봅시다(42-48절).

예수님께서 가실 때에 무리가 밀었습니다. 이는 매우 많은 사람들이 운집해 있음을 보입니다. 어떠한 작은 공간에 버스나, 전철에서 사람들이 미는 것은 일상적인 경험입니다. 그러나 길을 걸을 때에 사람들이 미는 것은 어떠한 시장터에 특별한 날이 아니면 경험하기 힘든 모습입니다. 예수님께서 회당장 야이로의 집으로 가는 가운데 이처럼 많은 사람들이 모였고 미는 상황이었습니다.

말씀은 그 가운데 한 믿음의 여인에 관하여 전합니다. 열두 해 혈루증을 앓는 중에 아무에게도 고침을 받지 못하던 여자가 예수의 뒤로 와서 그의 옷 가에 손을 대었습니다. 놀라운 것은 그의 혈루증이 즉시 그쳤습니다. 이는 매 순간순간 혈루증으로 말미암아 이 여인이 얼마나 고통 가운데 있었는가를 알 수 있게 합니다. 이러한 순간순간의 고통이 없었다면 여인은 자신의 병이 즉시 고침을 받았다는 사실을 알 수 없었을 것입니다.

이에 예수님께서는 "내게 손을 댄 자가 누구냐"(45절) 하였습니다. 베드로는 "주여 무리가 밀려들어 미나이다"(45절)라고 하였습니다. 이는 베드로가 주님께서 말씀하신 참뜻을 알지 못하였음을 보이는 것입니다. 마치 하나님의 역사를 보면서도 그 참 뜻을 알지 못하는 바와 같습니다. 우리는 표면적인 주님의 말씀이 아닌 그 깊이에 대한 이해함을 가져야 할 것입니다. 예수님께서는 "내게 손을 댄 자가 있도다 이는 내게서 능력이 나간 줄 앎이로다"(46절)고 하셨습니다.

예수님의 말씀에 여자가 스스로 숨기지 못할 줄 알고 떨며 나아와 엎드리어 그 손댄 이유와 곧 나은 것을 모든 사람 앞에서 말하였습니다. 예수님께서는 여인에게 "딸아 네 믿음이 너를 구원하였으니 평안히 가라"(48절) 하셨습니다. 앞으로 나올 야이로의 딸이 있습니다. 12해 고통 가운데 있었던 그녀에게는 야이로와 같은 회당장 아버지가 없었지만 하나님 아버지가 계신 것입니다.

3. 야이로의 딸을 살리심을 살펴봅시다(49-56절).

아직 말씀하실 때에 회당장의 집에서 사람이 와서 말하기를 "당신의 딸이 죽었나이다 선생님을 더 괴롭게 하지 마소서"(49절)라 하였습니다. 우리는 여기에서 두 가지를 봅니다. 때때로 우리들의 말과 행위는 믿음을 무너뜨리는 말을 하게 된다는 것입니다. 그러므로 언제든지 주님보다 앞서는 말을 삼가야 합니다. 또한 알아야 할 것은 하나님의 권능은 어떠한 제한과 한계가 없음을 알게 됩니다. 사람의 일은 죽음으로 말미암아 모든 소망을 잃어버리게 되지만 주님께서는 죽은 자도 살리는 권능과 능력이 계신 것입니다.

예수님께서 회당장에게 하나님의 역사를 보이시기 전에 믿음을 요구하십니다.

"두려워하지 말고 믿기만 하라 그리하면 딸이 구원을 얻으리라"(50절)

예수님께서는 그 집에 이르러 베드로와 요한과 야고보와 아이의 부모 외에는 함께 들어가기를 허락하지 않으셨습니다. 모든 사람이 아이를 위하여 울며 통곡할 때에 예수님께서는 도리어 "울지 말라 죽은 것이 아니라 잔다"(52절)고 하셨습니다. 때때로 예수님께서는 사람의 일들에, 상식에 어긋나는 말과 모습들을 보이십니다. 그러나 영적으로 보면 예수님께 문제가 있는 것이 아닌 우리들의 문제인 것입니다. 여전히 통곡하지만 하나님의 뜻을 알지 못하는 우리들에게 믿음이 없는 것입니다. 사람들은 회당장에게 절망스러운 소식을 전하였고, 통곡하였으며, 이번에는 비웃습니다. 이것이 세상 사람들의 일들입니다. 그러나 그 가운데에서도 예수님께서는 하나님의 일들을 행하셨습니다.

예수님께서 아이의 손을 잡고 불러 이르시기를 "아이야 일어나라" 하시니 그 영이 돌아와 아이가 곧 일어났습니다. 예수님께서 먹을 것을 주라 명하셨습니다. 그리고 놀란 부모에게 경고하시기를 "이 일을 아무에게도 말하지 말라" 하셨습니다. 예수님께서는 이 놀라운 일을 통해서 복음이 더 전해지기를 원하신 것이 아니라 오히려 이 일을 통해서 하나님의 복음을 더 잘 이해하기를 바라신 것입니다. 때때로 주님께서는 놀라운 이적을 행하시면서도 그 이적에 의지하여 복음을 전하시지 않으셨습니다. 이는 우리들이 가슴 깊이 새겨야 할 일이 됩니다.

묵 상

01 회당장 야이로의 간구하는 모습에 관하여 살펴봅시다.

02 열두 해 혈루증 여인에 관한 교훈을 나누어 봅시다.

03 야이로의 딸을 살리심의 교훈에 관하여 나누어 봅시다.

되새김

비록 혈루증 여인과 야이로의 딸은 다른 사람이지만 숫자적으로 열두 해와 구조
적으로 샌드위치적 구조는 긴밀한 연관이 있음을 알게 하십니다. 곧 예수님께서
는 우리의 육적인 질병을 고치시고 우리의 영혼을 고치시는 것입니다. 특별히 야
이로의 딸을 살리심은 부활의 몸에 대한 사모함을 주십니다.

누가복음 (상)

본론1 – 갈릴리 사역

제4부

제3차 갈릴리 사역
(9:1-50)

PART

36

오병이어의 이적
9장1~17절

Key Point

제2차 갈릴리 사역에서 사도를 세움의 말씀에 이어 평지 설교를 행하셨다면 이제 제3차 갈릴리 사역은 제자들의 파송과 귀환 후에 오병이어의 이적과 함께 시작됩니다.

누가복음 9장 1-17절은 세 가지 이야기로 구성됩니다. 열두 제자 파송과 헤롯의 당황함과 오병이어의 이적입니다. 이 세 가지는 다른 복음서에 비하여 매우 간략합니다. 마태복음 10장의 제자 파송 설교는 상당히 긴 본문입니다. 이는 유대인에게 보냄을 받은 사건으로 이방 그리스도를 대상으로 한 누가복음은 이와 같은 제자 파송에 관한 말씀은 짧게 전합니다. 대신 10장에 70인 파송에 관하여 자세히 전합니다. 그들은 단지 유대인들에게만 보냄을 받은 것이 아닌 세계선교에 대하여 가르치는 것입니다.

예수님께서는 제1차 갈릴리 사역에서 홀로 복음을 전파하셨습니다.

"예수께서 이르시되 내가 다른 동네들에서도 하나님의 나라 복음을 전하여야 하리니 나는 이 일을 위해 보내심을 받았노라 하시고 갈릴리 여러 회당에서 전도하시더라"(눅 4:43-44)

예수님께서는 제2차 갈릴리 사역에서는 제자들과 함께 복음을 전파하셨습니다.

"그 후에 예수께서 각 성과 마을을 두루 다니시며 하나님의 나라를 선

포하시며 그 복음을 전하실새 열두 제자가 함께 하였고"(눅 8:1)

이제 예수님께서는 제3차 갈릴리 사역에서 제자들을 파송하시는 것입니다.

"예수께서 열두 제자를 불러 모으사 모든 귀신을 제어하며 병 고치는 능력과 권위를 주시고 하나님 나라를 전파하며 앓는 자를 고치게 하려고 내보내시며"(눅 9:1-2)

■ 누가복음 9장의 구조적 이해

눅 9:1-6: 12제자의 파송

눅 9:7-9: 헤롯과 세례 요한

눅 9:10-17: 오병이어의 이적

눅 9:18-27: 베드로의 신앙고백과 첫 번째 수난 예고

눅 9:28-36: 변모산 사건

눅 9:37-43: 귀신 들린 아이를 고치심

눅 9:44-45: 두 번째 수난 예고

눅 9:46-48: 누가 크냐의 논쟁

눅 9:49-50: 우리와 함께 따르는 않는 사람

눅 9:51-56: 예루살렘을 향하여 올라가기로 굳게 결심하심

눅 9:57-62: 제자도

1. 제자들을 파송하심을 살펴봅시다(1-6절).

　예수님께서는 제자들을 부르시고 세우시고 이번에는 파송하십니다. 이는 예수님의 갈릴리 사역의 분기점들이 됩니다. 곧 제자들을 부르심으로 제1차 갈릴리 사역이 시작되고, 제자들을 세우심으로 제2차 갈릴리 사역을 하시고 제자들을 파송하심으로 제3차 갈릴리 사역을 행하신 것입니다. 제자들을 파송하심에 관하여서는 마태복음 10장에서 제자 파송 설교와 함께 길게 전하나 마가복음과 누가복음은 간략하게 전합니다.

　마태복음을 통해서는 제자들을 파송하시며 주신 가르침에 강조를 두신 반면 누가복음은 간략하지만 상대적으로 제자들을 파송하시며 그들에게 주신 능력과 권위에 관하여 강조하십니다.

　"예수께서 열두 제자를 불러 모으사 모든 귀신을 제어하며 병을 고치는 능력과 권위를 주시고 하나님의 나라를 전파하며 앓는 자를 고치게 하려고 내보내시며"(1-2절)

2. 헤롯이 듣고 당황함을 살펴봅시다(7-9절).

　환난 가운데 있었던 자들에게 전해진 마가복음은 세례 요한의 죽음과 헤롯에 대한 이야기를 자세히 전합니다. 그러나 누가복음은 제자들의 파송과 더불어 헤롯이 듣고 당황함에 관한 말씀을 간략하게 전합니다. 이는 우리들에게 제자들을 파송한 시점에 관하여 생각하게 합니다. 곧 세례 요한이 죽임을 당한 그때에 하나님의 나라는 위축되지 않았으며 오히려 예수님께서는 제자들을 파송하심으로 말미암아 하나님의 나라를 더욱 확장케 하셨습니다. 헤롯이 당황함은 자신이 죽인 세례 요한이 다시 살아났다고 생각하였기 때문입니다. 비록 헤롯은 한 사람 세례 요한의 목을 벨 수는 있었지만 하나님의 나라를 멈출 수는 없었던 것입니다.

3. 오병이어 이적의 교훈에 관하여 살펴봅시다(10-17절).

오병이어는 물고기 두 마리와 보리떡 다섯 개로 오천명을 먹이신 놀라운 이적입니다. 오병이어의 이적에 관한 깊은 교훈은 요한복음을 통해서 주십니다. 오병이어 이적의 의미를 요한복음은 6장 한 장에 걸쳐 설명합니다. 오병이어의 보다 깊은 메시지는 요한복음 성경공부를 통해서 살필 수 있을 것입니다. 그러나 이 이적의 교훈은 다만 이적 자체뿐만 아니라 이 이적을 주변으로 한 여러 상황과 관계 속에서 많은 교훈을 담고 있습니다.

① 사명에 관하여

사도들이 돌아왔습니다. 이는 누가복음 9장 1절의 연속으로 파송된 제자들이 돌아온 것입니다. 9장 1절에서는 제자들이라고 말씀하심에 반해 10절에서는 사도들이라고 말씀하십니다. 제자는 누구를 배우는 사람이요, 따르는 사람이지만 사도란 다릅니다. 사도란 보냄을 받은 자라는 뜻입니다. 12제자들은 제자들이었지만 그들은 또한 사도가 되어

맡겨진 사명을 감당하였습니다. 사도란 그 명칭 자체가 부르심과 소명이 있음을 알 수 있습니다. 우리들의 삶에도 이러한 부르심과 소명이 있음을 알아야 합니다. 하나님의 자녀가 되고, 구원을 받았다는 것으로 머무는 것이 아니라 우리들에게는 하나님의 보내신 바가 되는 사명이 있음을 알아야 합니다.

② 쉼

돌아온 제자들을 예수님께서 따로 데리고 가신 곳은 벳새다입니다. 그곳의 빈들로 제자들을 데리고 가심은 그들로 쉬게 하시기 위해서였습니다(막 6:31).

수고하고 무거운 짐 진 자들아 다 내게로 오라 내가 너희로 쉬게 하리라... 우리 주님은 쉼을 주시는 하나님이십니다.

창조의 섭리 속에서도 일곱째 날을 쉼의 날로 제정하셨습니다. 오늘날 우리들이 지키는 주일 또한 이러한 안식일의 성취입니다. 쉼을 알지 못하고 일하는 것은 결코 바른 것이 아닙니다. 한날에도 반드시 저녁이 있고 밤이 있고 쉼이 있고 잠이 있듯이 그것이 인생의 모습인 것입니다.

③ 사모함

사도들을 통한 사명과 그들에게 주신 쉼만이 아니라 오병이어의 이적의 그 시작부터 우리들에게 큰 교훈을 주십니다. 곧 무리들은 벳새다에 초청을 받지 않았습니다. 그러나 그들은 은혜를 사모하였습니다. 그리고 그 빈들로 모여들었습니다. 그들은 오직 예수님을 뵙기 위해서, 말씀을 듣기 위해, 은혜를 사모함으로 모여든 것입니다. 그들은 빈들에서 날이 저물었지만 먹을 것을 구하기 위해서 스스로 돌아가지조차 않았습니다. 그들은 오직 하나님의 말씀과 은혜를 사모하였습니다. 주님께서는 그들을 영접하셨습니다. 먼저 그들의 영혼을 채우셨습니다. 기억하여야 합니다. 예수님께서는 그들에게 오병이어의 이적을 베푸사 그들의 배를 채우시기 전에 먼저 그들의 영혼을 채우셨습니다.

④ 기대

만일 상황에 맞지 않는 말씀을 하나님께서 하신다면...그것은 바로 하나님께서 일하심이 됩니다. 그것은 하나님의 일하심의 기대가 되는 것입니다. 하나님의 역사는 상식 가운데 일어난 일이 아닙니다. 홍해를 가르신 일도, 만나와 메추라기로 먹이신 일도, 반석에서 물이 터지게 하심도 모두 일상의 일들이 아닙니다. 빈 그릇에 기름을 채우시고, 나아만 장군의 몸을 요단강에서 깨끗게 하시고, 물로 포도주를 만드신 이 모든 일들은 하나님의 약속과 일하심이 됩니다.

예수님께서는 "너희가 먹을 것을 주라"(13절) 하셨습니다. 이는 우리들이 할 수 없으나 하나님께서 행하심에 대한 기대가 되는 것입니다. 제자들은 할 수 없음을 말하였습니다. "우리에게 떡 다섯 개와 물고기 두 마리 밖에 없으니 이 모든 사람을 위하여 먹을 것을 사지 아니하고서는 할 수 없사옵나이다"(13절) 그러나 이 때는 하나님의 일하시는 때입니다.

⑤ 순종

사람들의 수는 남자만 5천 명이었습니다. 이는 여자와 아이들까지 합친다면 약 2만 명 가까운 사람들이었음을 알게 합니다. 그들을 떼를 지어 한 오십 명씩 앉히라 하셨습니다. 그 그룹만 400그룹입니다. 그리고 이들을 통솔하는 것은 예수님의 12제자들이었습니다. 이는 제자들의 인도에 대한 자발적인 순종이 없이는 이루어질 수 없는 일입니다. 그들에게는 아직 먹을 것이 없었습니다. 그러나 그들은 먼저 먹을 준비를 하였습니다. 이는 놀라운 순종이 아닐 수 없습니다.

⑥ 빈들

예수님께서는 때때로 우리들로 하여금 더 빈 들에 머물게 하십니다. 그곳에는 아무것도 없는 곳입니다. 그러나 그곳에 더 머물게 하심은 하나님의 말씀을 듣게 하심이 됩니다. 하나님께서는 우리들로 하여금 잠시 광야에 머물게 하십니다. 가난에 머물게 하십니다. 어려움 가운데 머물게 하십니다. 고난 가운데 머물게 하십니다. 여전히 그곳에서 잠시 더 배울 것이 있기 때문입니다. 그곳에서 더 하나님께 나아가게 하시는 것입니다.

묵상

01 열두 제자의 파송과 귀환의 말씀에 헤롯의 당황함의 말씀을 나누어 봅시다.

02 열두 제자의 파송의 교훈을 나누어 봅시다.

03 오병이어 이적의 교훈에 관하여 나누어 봅시다.

되새김

우리를 부르심에는 은혜가 있습니다. 그러나 주의 보내심을 받는 자에게는 능력과 권위가 있게 됩니다. 이는 사단으로 하여금 당황하게 하는 것입니다. 주님께서는 그 크신 일들을 그의 종들을 통해서 이루기를 바라십니다.

PART

37

베드로의 신앙고백
9장18~43절

Key Point

계속적인 제3차 갈릴리 사역의 연속으로 이번 과에서는 베드로의 신앙고백과 첫 번째 수난 예고, 변모산 사건, 귀신 들린 아이를 고치심에 관하여 전합니다. 이 세 이야기는 연속적이며 기도의 주제가 함께 있습니다.

본문 이해

　누가복음 9장 18-43절의 말씀은 세 가지 이야기로 구성되어 있습니다. 베드로의 신앙고백과 변모산 사건과 귀신 들린 아이를 치유하심입니다. 이 세 이야기는 시간적으로 연속됩니다. 베드로의 신앙고백이 있은 후 팔일 후에 변모산 사건이 있었으며 그 다음 날에 귀신 들린 아이를 고치셨습니다.

1. 베드로의 신앙고백과 무리들에게 말씀하심을 살펴봅시다(18-27절).

　베드로의 신앙고백에 관한 자세한 말씀은 마태복음 16장을 참고합니다. 마태복음은 이 고백을 장소와 연관하여 '가이사랴 빌립보'에 관하여 전하나 누가복음은 이 이야기의 시작을 '예수께서 따로 기도하실 때에'라 하심으로 기도하심의 이야기로부터 시작하십니다.

　예수님께서는 "무리가 나를 누구라고 하느냐"(18절) 또한 "너희는 나를 누구라 하느냐"(20절) 물으셨으며 "하나님의 그리스도시니이다"(20절)라는 베드로의 신앙고백에 첫 번째 수난 예고를 행하십니다. 이는 사람들이 생각하는 메시야와 다름을 알게 하시는 것입니다.

2. 변모산의 사건을 살펴봅시다(28-36절).

베드로의 신앙고백과 첫 번째 수난 예고에 관한 말씀에 '기도'에 관한 말씀으로 시작하심과 같이 베드로의 신앙고백이 있은 후 팔일 후에 있었던 변모산 사건의 시작도 '기도'에 관한 주제로 시작합니다.

"이 말씀을 하신 후 팔일쯤 되어 예수께서 베드로와 요한과 야고보를 데리고 기도하시러 산에 올라가사 기도하실 때에 용모가 변화되고 그 옷이 희어져 광채가 나더라"(28-29절)

예수님의 기도는 제자들의 모습과 대조됩니다. 그들은 제자들 중에서 선별됨에도 불구하고 연약한 모습입니다.

"베드로와 및 함께 있는 자들이 깊이 졸다가 온전히 깨어나..."(32절)

변모산에 관한 말씀은 마태복음과 마가복음에서도 전하나(마 17:1-8, 막 9:2-8) 누가복음은 하나님의 영광의 모습을 좀 더 자세히 묘사하여 주십니다.

"이 말 할 즈음에 구름이 와서 그들을 덮는지라 구름 속으로 들어갈 때에 그들이 무서워하더니 구름 속에서 소리가 나서 이르되 이는 나의 아들 곧 택함을 받은 자니 너희는 그의 말을 들으라 하고"(34-35절)

3. 귀신 들린 아이를 고치심을 살펴봅시다(37-43절).

예수님께서는 변화산에서 내려오셔서 제자들이 고치지 못한 귀신 들린 아이를 고치십니다. 제자들이 병자 앞에서 고투하는 모습은 변화산 사건과 명확한 대조를 보입니다. 귀신 들린 아이를 고치심에 관한 말씀은 마태복음과 마가복음에서도 전하시나 마가복음을 통해서 자세히 전하십니다(마 17:14-18, 막 9:14-27). 마가복음에서는 할 수 있거든이 무슨 말이냐 믿는 자에게는 능치 못할 일이 없다는 것과 기도 외에 다른 것으로는 이런 유가 나갈 수 없음에 관하여 가르칩니다. 그러나 누가복음은 이 이야기의 끝을 다음과 같이 맺습니다.

"사람들이 다 하나님의 위엄에 놀라니라"(43절)

묵상

01   예수님께서 기도하실 때에 이루어진 사건에 관하여 나누어 봅시다.

02   변모산에서 예수님의 기도하심을 나누어 봅시다.

03   귀신 들린 아이를 고치심의 이야기의 강조점을 '기도'가 아닌 '위엄'에 두심
       에 관하여 나누어 봅시다.

되새김

위대한 베드로의 신앙고백은 예수님의 기도의 결과이며 또한 귀신 들린 아이를
고치심도 예수님께서 변모산에서 기도하신 결과입니다. 모든 믿음의 역사와 열
매는 기도의 결과입니다.

PART

38

두 번째 수난 예고
9장43~50절

Key Point

9장1절로부터 시작된 제3차 갈릴리 사역은 예수님의 두 번째 수난 예고와 제자들의 누가 크냐의 논쟁, 또 다른 무리들을 향하여 금하였던 요한의 질문과 예수님의 답변으로 마칩니다. 이는 제자들의 연약함의 모습을 보여줍니다.

본문 이해

이번 과는 제3차 갈릴리 사역의 마무리의 말씀입니다. 이는 세 사건으로 두 번째 수난 예고와 제자들의 누가 크냐의 논쟁과 요한의 질문과 예수님의 답변으로 구성되어 있습니다. 이 세 사건은 제자들의 모습을 보여줍니다. 제3차 갈릴리 사역의 마지막에 이르러서도 여전히 연약한 제자들의 모습을 살필 수 있습니다.

1. 두 번째 수난 예고를 살펴봅시다(43-45절).

그들이 다 그 행하시는 모든 일을 놀랍게 여겼습니다. 이는 앞선 주님께서 행하신 일들을 요약하시는 바가 됩니다. 이에 예수님께서는 제자들에게 '이 말을 너희 귀에 담아 두라 인자가 장차 사람들의 손에 넘겨지리라' 하셨습니다. 이는 예수님의 두 번째 수난 예고입니다. 두 번째 수난 예고를 행하시며 예수님께서는 말씀을 귀에 담아 두라 하셨습니다. 주님의 수난에 관한 말씀은 그들로 깨닫지 못하게 숨긴 바 되었으므로 제자들은 이 말씀을 알지 못하였고 또한 이 말씀을 묻기도 두려워하였습니다. 하나님의 어떠한 말씀은 이처럼 바로 알지 못하고 깨닫지 못하나 우리의 귀에 있게 하심으로 역사하시는 말씀이 있는 것입니다.

2. 제자들 중의 누가 크냐의 논쟁을 살펴봅시다(46-48절).

예수님의 두 번째 수난 예고가 있었을 때에 제자들은 도리어 누가 크냐의 논쟁을 하였습니다. 이는 역설적인 것입니다. 하나님의 뜻과 가르침과 우리들의 삶의 모습이 얼마나 다른가를 적나라하게 보여주시는 것입니다. 그러나 예수님께서는 그러한 가운데에서도 적절한 가르침을 주셨습니다. 곧 어린 아이 하나를 데려다가 자기 곁에 세우시고 말씀하셨습니다.

"누구든지 내 이름으로 이런 어린 아이를 영접하면 곧 나를 영접함이요 또 누구든지 나를 영접하면 곧 나를 보내신 이를 영접함이라 너희 모든 사람 중에 가장 작은 그가 큰 자니라"(48절)

이는 그들의 가치관과 하늘의 가치관이 얼마나 다른지를, 더 나아가 정반대임을 알게 하십니다.

3. 요한의 질문과 대답을 살펴봅시다(49-50절).

앞선 변론됨에 있어서는 예수님께서 제자들의 마음에 변론한 것을 아시고 가르쳐 주셨다면 이번에는 요한이 질문하였습니다.

"주여 어떤 사람이 주의 이름으로 귀신을 내쫓는 것을 우리가 보고 우리와 함께 따르지 아니하므로 금하였나이다"(49절)

이는 공동체 내가 아닌 공동체 밖에 관한 문제입니다. 공동체 내의 시기와 경쟁이 아닌 공동체 밖을 향한 시기와 경쟁에 관하여 말씀은 다음과 같이 말씀하십니다.

"금하지 말라 너희를 반대하지 않는 자는 너희를 위하는 자니라"(50
절)

공동체 내에 관하여 낮아짐에 관하여 교훈하시며 공동체 밖에 관하
여서는 연합에 관하여 가르쳐 주시는 것입니다. 미련한 자는 자신을 위
하는 자까지 반대하는 자로 만드나 지혜로운 자는 자신을 반대하지 않
는 자를 자신을 위하는 자로 삼는 것입니다.

묵상

01 예수님의 두 번째 수난 예고를 깨닫지 못함을 살펴봅시다.

02 제자들의 누가 크냐의 논쟁에 관하여 나누어 봅시다.

03 요한의 질문에 관하여 나누어 봅시다.

되새김

제자들은 하나님의 말씀에 관하여 깨닫지 못하였고, 내적으로 공동체 가운데 누가 크냐로 논쟁하였고 외적으로 다른 공동체에 대한 배타적인 마음을 가졌습니다. 이는 모두 주께서 기뻐하시는 뜻이 아닙니다.

참고도서

- Marshall, I. Howard. *The Gospel of Luke: A Commentary on the Greek Text.* New International Greek Testament Commentary. Grand Rapids: Eerdmans, 1978.
- Green, Joel B. *The Gospel of Luke.* New Interantional Commentary on the New Testament. Grand Rapids: Eerdmans, 1997.
- Fitzmyer, Joseph A. *The Gospel according to Luke.* 2 vols. Anchor Bible. Garden City, N.Y.: Doubleday, 1981.
- Nolland, John.『WBC 성경주석: 누가복음 전3권』. 서울: 솔로몬, 2003-2005.
- Fred B. Craddock. 『현대성서주석: 누가복음』. 서울: 한국장로교출판사, 2010.
- Berkhof, L. 『성경 해석학』. 서울: 성광 문화사, 1982.
- Blomberg, C. L. 『비유해석학』. 서울: 생명의 말씀사, 1996.
- Bultmann, R. 『공관복음 전승사』. 서울: 대한기독교서회, 1988.
- Funk, R. W. 『예수에게 솔직히』. 서울: 한국기독교연구소, 1999.
- Conzelmann. H. 『신약성서신학』. 서울: 한국신학연구소, 1987.
- Ladd, G. E. 『신약신학』. 서울: 대한기독교출판사, 1985.
- Linnemann. A. 『공관복음서 연구의 새로운 동향』. 서울: 한국신학연구소, 1988.
- Perrin. N. 『성서연구 방법론』. 서울: 한국신학연구소, 1988.
- 전경연 외 4인. 『신약성서신학』. 서울: 대한기독교서회, 1983.
- Machen, J. G. 『신약성서 희랍어 교본』. 서울: 대한기독교서회, 1989.
- 김득중. 『복음서의 비유들』. 서울: 컨콜디아사, 1990.
  『신약성서개론』. 서울: 컨콜디아사, 1988.

『대한기독교서회 창립 100주년 기념 성서주석: 누가복음 Ⅰ, Ⅱ 』. 서울: 대한기독교서회, 1993.

● 성종현. 『신약총론』. 서울: 장로회신학대학 출판부, 1992.

　『공관복음서 대조연구』. 서울: 장로회신학대학 출판부, 1992.

　"신약의 하나님 나라"『목회와 신학』제24호, 1991.

　"예수와 하나님 나라"『기독교사상』1986. 6.

　"파라볼레-예수의 비유"『기독교사상』통권365호, 1989. 5.

● 박수암. 『누가복음』. 서울: 대한기독교서회, 2005.

누가복음 (상)

초판인쇄일 _ 2021년 5월 21일
초판발행일 _ 2021년 5월 21일

펴낸이 _ 임경묵 목사
펴낸곳 _ 도서출판 다바르

주소 _ 인천 서구 건지로 242, A동 401호(가좌동)
전화 _ 032) 574-8291

지은이 _ 임경묵 목사
　　　　연세대학교 신학과 졸업
　　　　장로회신학대학교 신대원 졸업(M.Div.)
　　　　장로회신학대학교 대학원 졸업(Th.M.)
　　　　현) 주향교회 담임목사
　　　　현) 다바르 말씀 사역원 원장

기획 및 편집 _ 장원문화인쇄
인쇄 _ 장원문화인쇄
ISBN 979-11-970294-9-3